Romantik-Natur-Hotel Grubachhof

Die schönste Art Urlaub zu genießen

mit den herzlichsten Empfehlungen

Ihre Familie

Geisler Johann, Barbara samt Team

TRENDS UND LIFESTYLE

ZILLERTAL

CORNELIA HALLER • CHRISTIAN GUFLER

TRENDS UND LIFESTYLE

ZILLERTAL

CORNELIA HALLER • CHRISTIAN GUFLER

Inhalt

Zillertal

Die angegebenen Zahlen **120** sind identisch mit den Seitenzahlen der einzelnen Betriebe in diesem Buch und bezeichnen ihre Lage in der Region.

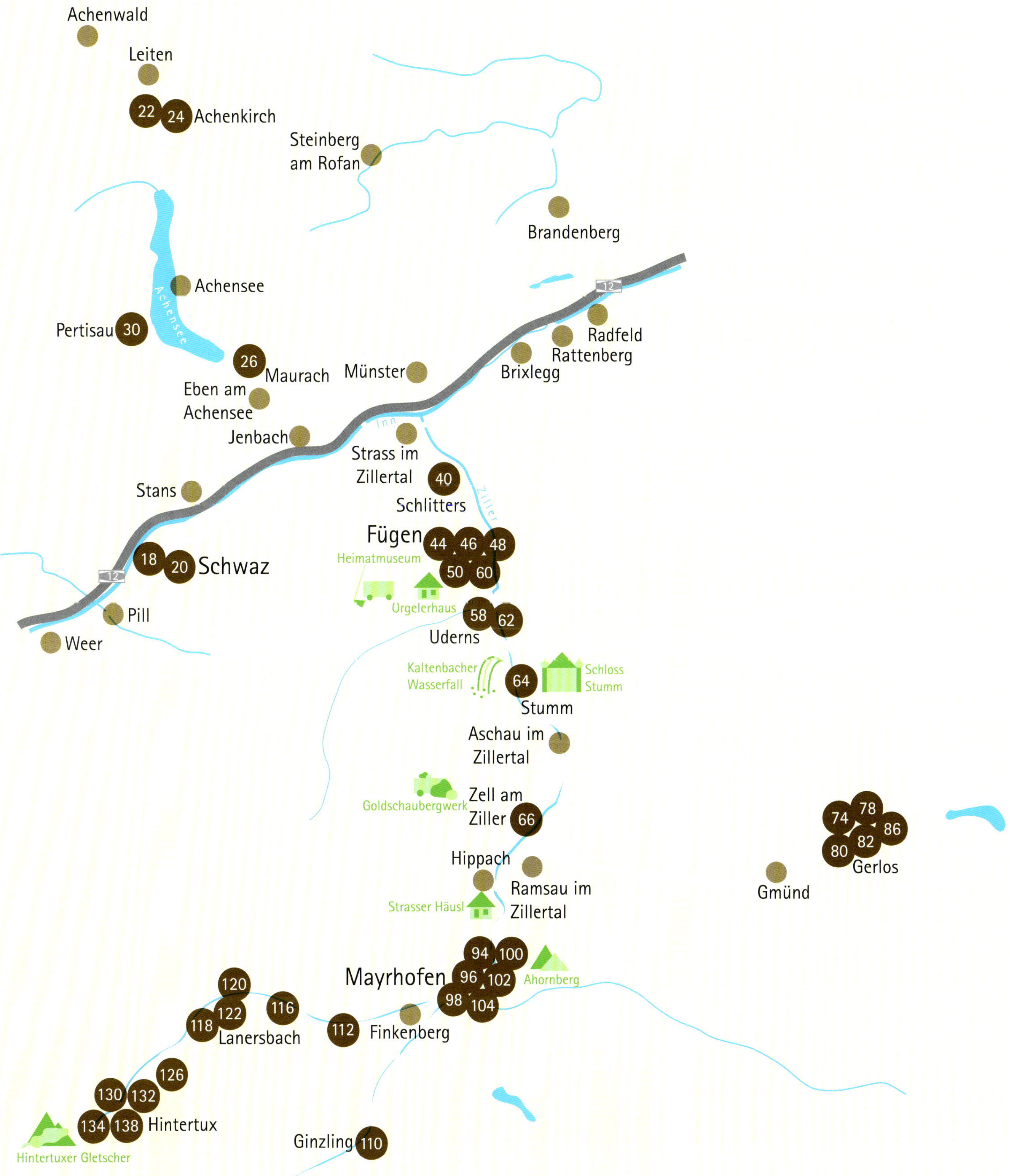

Achenwald
Leiten
22 24 Achenkirch
Steinberg am Rofan
Brandenberg
Achensee
Achensee
Pertisau 30
26 Maurach
Münster
12
Radfeld
Rattenberg
Brixlegg
Eben am Achensee
Jenbach
Inn
Strass im Zillertal
40
Schlitters
Ziller
Stans
Fügen 44 46 48 50 60
Heimatmuseum
18 20 Schwaz
12
Pill
Weer
Urgelerhaus
58 62
Uderns
Kaltenbacher Wasserfall
64
Schloss Stumm
Stumm
Aschau im Zillertal
Goldschaubergwerk
Zell am Ziller 66
74 78 86 80 82
Gerlos
Gmünd
Hippach
Ramsau im Zillertal
Strasser Häusl
94 100 96 102 98 104
Mayrhofen
Ahornberg
120 122 116 118
Lanersbach
112
Finkenberg
126
130 132 134 138
Hintertux
Hintertuxer Gletscher
Ginzling 110

Vorwort

Was ist los im schönen Zillertal? Wo soll man im Sommer hinfahren, wohin im Winter, wo fühlen sich auch Kinder wohl, in welchen Wirtshäusern gibt's die besten Krapfen, wo speist der Genießer auf Hauben-Niveau? Und, ganz wichtig: Wo spielt die Musi, wo wird getanzt? Dazu kommen natürlich noch die Aspekte, welche Ski- oder Wanderausrüstung gerade im Trend liegt, welche Geschäfte sie führen und in welcher Disco oder Bar hipper Lifestyle angesagt ist.
All diese Fragen und noch viele mehr wollen wir in diesem Band beantworten, damit auch jede Minute der schönsten Zeit des Jahres zum absoluten Genuss wird. Schließlich ist das Zillertal nicht nur bekannt für herrliche Landschaften mit grünen Wiesen und Almen, tiefen Wäldern, hohen Bergen und schneefunkelnden Gletschern, sondern auch für authentische Tiroler Küche, die hier besonders g'schmackig buchstabiert wird, und für die höchste Zahl an Volksmusik- und Trachtengruppen in ganz Tirol. Außerdem nennt sich das Tal das „aktivste der Welt" – dem wollen wir natürlich auch auf den Grund gehen, damit wir zu Hause die Badehose oder den Skianzug ein- und im Zillertal für den Urlaub gleich auspacken können!

Wobei wir bei der nächsten Frage wären: Will man in einem noblen Hotel residieren und in Wellness und Beauty schwelgen, oder ist eher unkomplizierter Urlaub mit Kindern an der Reihe, die sich drinnen wie draußen gleichermaßen wohlfühlen möchten. Auch hierfür bietet das Zillertal Unterkünfte für jeden Geschmack. Dazu gehören perfekt eingerichtete Ferienwohnungen genauso wie der so beliebte „Urlaub auf dem Bauernhof", wo man in urgemütlichen Zimmern wohnt und am bäuerlichen Alltag teilnehmen kann, wozu sogar hin und wieder das Schnapsbrennen gehört.
Aktiv einen Tag erleben, das ist im Zillertal einfach: Wandern, Biken, Klettern, Reiten, Schwimmen, Skifahren oder Snowboarden, alles da und direkt vor der Tür, im Sommer wie im Winter. Ruhe suchende Naturfreunde sind hier ebenso gut aufgehoben wie Actionfans, von null bis 90 kann jeder nach seiner Façon selig werden.

C. Haller

12

Bei Fügen

13

Von der Silberstadt Schwaz bis zum Achensee

Beginnen wir mit dem entzückenden Städtchen Schwaz, „Hauptstadt“ und politisches Zentrum der ganzen Region, zu der auch der Achensee und das Zillertal gehören. Direkt am Inn gelegen, ist Schwaz Hüterin vieler Kulturschätze und mittelalterlicher Baudenkmäler wie der Pfarrkirche Maria Himmelfahrt, der größten gotischen Hallenkirche Tirols und Europas einzige vierschiffige Kirche mit zwei gleichrangigen Hauptschiffen, deren linkes früher den Bürgern, das rechte den Knappen vorbehalten war. Das Kirchendach, mit über 14 000 Kupferplatten gedeckt, zeugt noch heute vom früheren Reichtum. Das „Orglerhaus“ war eine Zeit lang Wohnhaus des großen Arztes Paracelsus, und das um 1525 erbaute „Fuggerhaus“ diente Ulrich Fugger als „Firmensitz“ seines Imperiums. Das heutige Rathaus, ehemaliges Handelshaus von Schwaz, wurde 1509 vollendet und stellt den imposantesten Profanbau aus der Bergwerkszeit dar. Die größte Attraktion von Schwaz ist sicherlich das Silberbergwerk, wo man sich noch heute auf die Spuren des mittelalterlichen Silber- und Kupferabbaus machen kann, der vor über 500 Jahren den Reichtum der Stadt begründete. Fast 85 Prozent des global gehandelten Silbers kamen um das Jahr 1500 von hier. Heute geht es in offenen Zugwaggons in die unterirdischen Stollen mit großer Vergangenheit. Die Zuschauer erleben hautnah, wie die Knappen damals das wertvolle Material aus dem Berg herausschlugen. Übrigens herrschen hier unten heilklimatische Bedingungen, die allergenfreie, feuchte Luft wirkt gesundheitsfördernd bei Asthma und Bronchialerkrankungen.

Schwaz

Einmal nicht mit dem Auto, sondern mit dem Zug, sollte man im Sommer die sieben Kilometer lange Fahrt von Jenbach zum Achsensee zurücklegen, herrlich nostalgisch mit der 120 Jahre alten, mit Dampf betriebenen Zahnradbahn, die unter Pfeifen und Stampfen durch wildromantische Landschaften bis zur Südspitze des mit neun Kilometern Länge und 1,3 Kilometern Breite größten Sees Tirols zuckelt. Hier steigt man direkt auf eines der Achensee-Schiffe, schippert gemächlich während der höchst gelegenen Binnenschifffahrt Europas von einem Ufer zum nächsten, unter sich den mal tiefblau, mal grün-türkis schimmernden See, umrahmt von einer der schönsten Berglandschaften Tirols. Der langgestreckte Achensee liegt im gleichnamigen Tal zwischen dem Rofangebirge im Osten und dem Karwendel im Westen. Schon im 15. Jahrhundert sorgte eine Straße am Ostufer für den Warentransport. Schwere Güter wurden mit Plätten über das Wasser transportiert, zum Beispiel Getreide, Grubenholz und Holzkohle nach Süden, Salz, Wein und Bergwerkserzeugnisse nach Norden. Dank seines Fischreichtums war der See schon damals vor allem bei den Landesherren beliebt, die hier exklusive Fischereirechte besaßen, wie Kaiser Maximilian I. oder Erzherzog Ferdinand II. Als im Achental Mitte des 19. Jahrhunderts mit dem Aufkommen des Fremdenverkehrs die ersten Gäste eintrafen, hatte der Abt des Benediktinerstiftes 1887 die Idee, mit einer Schifffahrt auf dem See den Tourismus anzukurbeln. Man darf ihn augenzwinkernd wohl einen der ersten „PR-Agenten“ überhaupt nennen. Eine Attraktion des Achensees stellt auch die Gaisalm dar, die einzige Alm, die nur zu Fuß von Pertisau oder Achenkirch oder mit dem Schiff erreichbar ist – das ist einzigartig in Europa. Gleich neben der Anlegestelle lässt es sich im Sommer herrlich schwimmen und plantschen, der See hat Trinkwasserqualität und bietet einen perfekten Lebensraum für Forelle, Hecht und Co.
Pertisau ist der größte Ort am Achensee, Promenaden zum Flanieren säumen das Ufer, Cafés, Gast-

häuser und Restaurants bieten sich zur Einkehr an. Hier ist aber auch die Geschichte der Region Achensee erlebbar, wozu der Ölschiefer und das daraus gewonnene Steinöl zählt. Die einmalige Zusammensetzung und der hohe Gehalt an natürlich gebundenem Schwefel machen Steinöl zu einer wohltuenden Pflege für Mensch und Tier. Natürlich gibt es auch für Sportliche jede Menge Erlebnisse: Dank seines klaren, sauberen Wassers ist der Achensee ein herrlicher Badesee und ein Traumrevier für Segler und Angler. Rundherum führen zahlreiche Wanderwege und Klettersteige, Paragleiter haben ihre Freude über dem Wasser mit grandioser Aussicht.

Die Magie des winterlichen Sees betört mit glitzernden Schneefeldern und den tief verschneiten Gipfeln des Rofangebirges. In Maurach am Südufer des Sees im familiären Skigebiet sind Skifahrer, Carver und Snowboarder zu Hause, dazu ist der Einstieg in eines der schönsten Tourenskigebiete bequem mit der Rofanseilbahn möglich. Der neue Skyglider „Airrofan" erlaubt auch im Winter einen Blick aus der Vogelperspektive. Achenkirch im Norden wartet ebenfalls mit allen erdenklichen Freizeitaktivitäten auf und dazu mit Österreichs größtem privaten Lipizzanergestüt: Zwei Dutzend dieser edlen Schimmel haben hier ihr Zuhause gefunden und stehen auch für Reitstunden oder zu einem Ausritt zur Verfügung.

Eisen Orgler

Eisen Orgler
Familie Pegritz

Bahnhofstraße 16
A-6130 Schwaz

Telefon 00 43 (0) 52 42 / 6 26 34
Telefax 00 43 (0) 52 42 / 7 27 39
www.orgler.at

Ein schön gedeckter Tisch, das ist Ausdruck von Kultur, von Stil und Persönlichkeit. Heutzutage ist die Auswahl an Geschirr, Besteck und Gläsern, an Wohn- und Küchenutensilien unendlich groß. Wer das Glück hat, in Schwaz zu wohnen, sollte Eisen Orgler am Schwazer Stadtplatz einen Besuch abstatten.

Im Fuggerhaus, das früher auch unter dem Namen „Handelshaus" bekannt war und heute der Stadt Schwaz als Rathaus dient, eröffneten Hans und Juliane Messner 1894 das erste Metallwarengeschäft, das sich bald als eines der führenden Fachgeschäfte für Werkzeug, Eisen und Haushaltsgeräte etablierte. Während die Firmensparten Werkzeuge, Maschinen, Beschläge und Eisen in eine andere Lokalität umzogen, blieb das Stammhaus immer hier in der romantischen Schwazer Fußgängerzone, mit einem großen Angebot für Liebhaber gepflegter Gastlichkeit.
Übersichtlich und ansprechend wird hier alles rund um das Thema Tischkultur präsentiert. Mit viel Liebe und Kompetenz kümmern sich drei Mitarbeiterinnen um die Kunden. Das schöne Ambiente verführt dazu, sich einmal in aller Ruhe umzusehen. Alles um die Themen Essen, Trinken und Kochen, dazu Geschenkartikel und Dekorationsobjekte, versammelt sich hier auf verschiedenen Ebenen. Das Sortiment ist reichhaltig, die Beratung persönlich und perfekt. Ob man ein neues Geschirrservice braucht oder nur eine Tasse nachkaufen möchte, ob eine Besteckgarnitur aus Edelstahl oder aus Silber, modern oder klassisch: Hier wird man 100-prozentig etwas finden. Edle japanische Messer mit Damaszenerschliff, italienisches Glas-Design, amerikanische Küchenmaschinen, Oster- oder Weihnachtsdekoration: Der Kunde hat die Qual der Wahl.
Kochen und Gäste bewirten sind heute im Trend, und alles, was damit zu tun hat, kann man im Stammhaus der Firma Orgler erwerben. Von der Firma WMF ist das ganze Sortiment komplett

erhältlich, das geht von den verschiedenen Bestecken über Salz- und Pfefferstreuer, Essig- und Öl-Menagen, Kerzenständer und Gläserkollektionen bis zum Lounge Fire, einem gemütlichen Feuerplatz für den Innen- oder Außenbereich. Leonardo: Die italienische Firma steht für einen unverwechselbaren Lifestyle mit ihren Glaswaren und Living-Objekten. Alessi ist heute weltweit bekannt für originelles Zubehör für Küche und Tafel, für Bar und Wein, für italienische Kaffeemaschinen, elektrische Haushaltsgeräte und einzigartige Design-Artikel. SIA hat edle Home Fashion und Dekorationen für jede Jahreszeit im Programm; wer auf der Suche nach dem perfekten Glas für jedes Getränk ist, trifft mit den Produkten der Firmen Riedel oder Ritzenhoff sicher die beste Wahl. Weitere Top-Marken sind unter anderen Rösle, Cilio und Gmundner Keramik – Eisen Orgler bietet für jeden Geschmack das Passende für stilvolle Tischkultur.

SERO's

SERO's
Vini Alimentari e più

Burggasse 4
A-6130 Schwaz

Telefon 00 43 (0) 52 42 / 6 24 51
www.seros.at

Nach Norden: müssen, nach Süden: wollen, so hat es ein Dichter einmal ausgedrückt. Diese Sehnsucht nach Süden, nach Sonne und Meer trägt wohl jeder in sich. Dabei kommt Italien ein ganz besonderer Stellenwert zu, ist „das Land, wo die Zitronen blühen" doch geradezu gleichbedeutend mit heiterer Lebensart unter azurblauem Himmel und nicht zuletzt mit einer der besten Küchen der Welt, die Regionalität mit Raffinesse verbindet.

Ein kleines Stückchen Bella Italia findet der italophile Feinschmecker jetzt auch im reizenden Schwaz, nämlich bei Sero's. In den historischen Gewölben ist italienische Lebensart zu Hause, und zwar Feinkost zum Mitnehmen wie auch zum dort Genießen. Auf 80 Quadratmetern versammelt sich die ganze Hautevolee der mediterranen Köstlichkeiten. „Vini, alimentari e più" – also „Wein, Lebensmittel und mehr" ist das Motto von Walter Seier und seinen Mitarbeitern. Als passionierter Genießer, Italienliebhaber und gelernter Koch möchte er seinen Kunden ausgesuchte italienische Genüsse näherbringen und besorgt die Ware persönlich in italienischen Regionen wie im Piemont oder in der Toskana. Das Angebot ist äußerst vielfältig und hält von allem nur das Beste bereit, zum Beispiel Prosciutto, also rohen oder gekochten Schinken, Mortadella, diverse luftgetrocknete Salamis, Antipasti wie in Essig oder Öl eingelegtes Gemüse, getrocknete Tomaten und absolute Spezialitäten wie Wildschweinsalami oder Trüffelsalami. Ebenfalls erhältlich sind frische und getrocknete Nudeln – Tagliatelle, Tortelloni, Ravioli, Spaghetti, Makkaroni, Penne oder Trofie, um nur einige zu nennen. Und was wäre eine echte italienische Küche ohne die feinen Olivenöle, die je nach Region immer wie-

der anders schmecken und bei Sero's auch offen erhältlich sind. So eignet sich etwa ein toskanisches kalt gepresstes Olivenöl besonders gut für Gemüse wie Bohnen oder Spinat, und ligurisches Öl, über ein Fischfilet geträufelt, kann eine wahre Offenbarung sein. Auch edler, lang gelagerter Aceto Balsamico gehört zum Sortiment von Sero's, dieses bringt nicht nur Pep und das gewisse Etwas an Salate, sondern begleitet kongenial alten Parmesan. Es versteht sich von selbst, dass Walter Seier auch bei den Käsesorten nur das Besondere anbietet, wie zum Beispiel die Büffelmozzarella Burrata.

Wer zum Essen den passenden Wein sucht, wird im Sero's garantiert fündig, die hauseigene Vinothek offeriert Spitzengewächse aus Italien und Österreich, aber auch aus Frankreich und Spanien, von denen ständig je acht rote und weiße offene Weine zur Verkostung bereitstehen. Ab zehn Personen wird eine Wein-Verkostung mit Imbiss organisiert. Zwei Tische laden täglich zu kleinen Häppchen wie Bruschetta, Toast oder Insalata Caprese, donnerstags und freitags mittags stehen frische Nudelgerichte auf der Karte: Spaghetti ai frutti di mare, Trofie al Pesto oder Lasagne mit Wildschweinsugo bringen echtes italienisches Lebensgefühl auf die Teller.

Loden Kern

Loden Kern
Maß-Schneiderei

A-6215 Achenkirch 610

Telefon 00 43 (0) 52 46 / 2 02 83
Mobil 00 43 (0) 6 76 / 6 12 37 68
Telefax 00 43 (0) 52 46 / 2 02 83

Es gibt wohl kaum einen Tiroler, der keine Lodenjacke oder keinen Lodenmantel im Kleiderschrank hängen hat – der Loden hat in den Alpen eine Tradition ohnegleichen!
Die Bezeichnung „Loden" leitet sich wahrscheinlich vom althochdeutschen „lodo" für „grobes Tuch" aus dem 10. Jahrhundert ab, könnte aber auch vom mittelhochdeutschen „lodi" = Mantel kommen. Auch im Altnordischen bezeichnete „lodi" einen zottigen Umhang.

Gemeint war ein ursprünglich derber, nicht gewalkter Wollstoff aus Garnen, der aber seit dem Hochmittelalter durch das Walken mit Wasser und Seife verdichtet und aufgeraut wird, was ihm Strapazierfähigkeit und hohe Wasserdichte verleiht. Heute versteht man unter „Loden" dichte Streichgarngewebe, überwiegend aus Wolle mit relativ glatter Oberfläche. Loden lässt sich auch gut mit anderen Wollqualitäten mischen, zum Beispiel mit Cashmere, Mohair, Merino oder Alpaka. Normalerweise ist Loden graubraun, dunkel- oder olivgrün, hell- bis dunkelgrau oder schwarzmeliert. Aber auch er ist der Mode unterworfen, und so tummeln sich neben den klassischen Farben auch kiwigrün, rosa, lila oder gelb – ganz nach Geschmack.
Ebenfalls ganz nach Geschmack, traditionell, elegant oder sportlich, fertigt Schneidermeister Daniel Kern seit Jahren in seiner Manufaktur Loden Kern aus dem edlen Stoff Jacken, Hosen, Röcke, Trachten oder Mäntel. Nur drei Kilometer von der bayerischen Grenze auf Tiroler Seite in Achenkirch gleich neben der Hauptstraße liegen Schneiderei und Geschäft. Service und Qualität sprechen sich natürlich herum, genauso wie das gute Preis-Leistungs-Verhältnis. Aus reinem Sommer- oder Winterloden oder aus einer exklusiven Mischung aus Leinen, Wolle und Seide kann man seinen Favoriten aussuchen. Dann nimmt Daniel Kern Maß und beginnt mit einem der wichtigsten Arbeitsschritte, nämlich dem passgenauen Zuschnitt. Dank der tatkräftigen Hilfe von zehn Schneiderinnen entstehen dann im Laufe von einigen Wochen perfekt sitzende Klei-

dungsstücke, die ihren Trägern und Trägerinnen lange Jahre Freude bereiten. Auch das passende Futter kann man sich im Geschäft aussuchen: uni oder gemustert, dazu die unverzichtbaren echten Hirschhorn- oder Metallknöpfe mit Prägung nach Wunsch. Alles kommt aus einer Hand, dazu gehören auch die passenden Accessoires, wie Krawatten, Seidentücher, Hemden, Blusen, Gürtel, Taschen, Schuhe oder Stiefel. Neben privaten Stammkunden stattet Loden Kern vor allem Trachten-, Schützen- und Musikvereine sowie Jäger aus. Auch Hochzeitsanzüge, die Tegernseer Tracht oder die beliebten Steirer werden bei Loden Kern jeder Figur auf den Leib geschneidert. Bleiben Trachten und Jägerkleidung in Schnitt und Farbe fast immer gleich, so beobachtet Daniel Kern bei individuell angefertigten Jacken, Kostümen oder Anzügen einen Trend zur Farbe und Kombinationsfreudigkeit, denn ein klassischer Lodenjanker, vielleicht mal in einer modischen Farbe, schafft mit einer lässigen Jeans die perfekte Verbindung zwischen Tradition und Fashion.

Achentaler Glaskunst

Achentaler Glaskunst
Franz Unterberger

A-6215 Achenkirch 420e

Telefon 00 43 (0) 52 46 / 65 67
Mobil 00 43 (0) 6 50 / 9 83 36 21
Telefax 00 43 (0) 52 46 / 64 92
www.achentaler-glaskunst.com

Glas: ein ungemein vielfältiger Werkstoff, aus dem alltägliche Gegenstände, aber auch einmalige Kunststücke gefertigt werden. Was alles aus Glas entsteht, wenn sich ein Künstler damit beschäftigt, zeigt uns Franz Unterberger in Achenkirch am Achensee, der in seinem Geschäft Achentaler Glaskunst als sogenannter Glasveredler einem ebenso alten wie aktuellen Handwerk nachgeht.

Sowohl er als auch seine Frau sind Absolventen der Glasfachschule Kramsach, und während Frau Unterberger im Familienbetrieb hauptsächlich als Graveurin arbeitet, ist Franz Unterberger gelernter Glasmaler, der sich in diversen Seminaren mit den anderen Techniken der Glasbearbeitung bestens vertraut gemacht hat. Immer ist Kristallglas oder Bleikristall von ausgesuchter Qualität die Grundlage der künstlerischen Arbeit. Zunächst sind da die Gravuren, die zum Beispiel mit feinen, teilweise auch komplizierten Motiven, wie Tieren, Jagdmotiven, Initialen, Wappen oder Monogrammen, Gläser, Christbaumkugeln oder Karaffen verschönern. Zum Zweiten kennt man das sogenannte Sandstrahlen, wobei mit einem speziellen Sand von verschiedenen Körnungen mithilfe von Pressluft eher flächige, aber auch in die Tiefe gehende Motive auf Glas entstehen. Im Geschäft

So ist aus dem 1978 gegründeten Handwerksbetrieb mit Glasgravur ein Unternehmen entstanden, das in allen Belangen der professionellen, künstlerischen Glasgestaltung der richtige Ansprechpartner ist. Für interessierte Laien veranstaltet Franz Unterberger auch Fusing-Schnupperkurse und Workshops, bei denen man seine eigenen Ideen einbringen kann und vielleicht mit einem kleinen „Kunstwerk" nach Hause geht.

hält Familie Unterberger eine große Auswahl an gravierten und sandgestrahlten Glaswaren und Objekten, wie Trinkgläser in verschiedenen Größen und Formen, Karaffen, Krüge, Tannenbaumanhänger, Glasbonbons und Glaskugeln, bereit. Alle sind in perfekter und liebevoller Handarbeit und mit größter Präzision hergestellt. Grundvoraussetzung für diese Tätigkeit sind natürlich eine künstlerische Ader, zeichnerisches Talent, gediegene Ausbildung, eine ruhige Hand und Kenntnisse in Anatomie, denn auch Porträts oder Akte hält Franz Unterberger auf Gläsern, Vasen oder Glasplatten fest.

Die dritte Sparte der Kunst am Glas ist das sogenannte Fusing, dabei werden kompatible Glasplatten oder -scheiben im Fusingofen miteinander verschmolzen, wodurch die unterschiedlichsten künstlerisch angehauchten Objekte entstehen. Mithilfe der Hitze kann man Glas ganz anders und kreativ bearbeiten und gestalten. Dabei ist es möglich, Glas zu verformen und auch bunte Glassorten untereinander zu verschmelzen. Die verschmolzenen Glasobjekte werden dann nach Wunsch auch mit Gravur oder Sandstrahltechnik bearbeitet.

Diese Methode eignet sich besonders für Schalen, Schmuck, Glasbilder, Glasfliesen für Küchen und Bäder oder auch Glaseinsätze für Türen – eine unerschöpfliche Zahl an Gestaltungsmöglichkeiten tut sich auf und eine ganz besondere und individuelle Geschenkidee. So gut wie jeder Wunsch kann erfüllt und nach Fotovorlage mithilfe der beschriebenen Techniken zu bleibenden Erinnerungsstücken gestaltet werden.

Gürtler Moden

Gürtler Moden
Mode – Jeans & Sportswear – Trachten

A-6212 Maurach 90

Telefon 00 43 (0) 52 43 / 54 39
Telefax 00 43 (0) 52 43 / 54 394
www.guertler-moden.at

Sich gepflegt und modisch zu kleiden, ist heutzutage geradezu ein Muss; außerdem macht es Spaß, und hin und wieder muss es einfach mal was Neues sein. Mitunter ist es allerdings gar nicht so einfach, sich aus der grenzenlosen Vielfalt an Mode die passende Garderobe mit ihren Accessoires zu wählen.

Wer in der Nähe des Achensees wohnt oder urlaubt, sollte unbedingt Gürtler Moden einen Besuch abstatten! Hier kümmert sich Nicole Gürtler mit ihrem Team um die Kundschaft – sowohl Damen als auch Herren – und steht bei Auswahl und Anprobe mit Rat und Tat zur Seite. Das großzügige, lichtdurchflutete Geschäft ist ansprechend und übersichtlich gestaltet. Schon 1972 gründete es Nicoles Mutter, eine gelernte Schneiderin, in einem 80 Quadratmeter großen ehemaligen Möbelladen. Nach mehreren Erweiterungen und Modernisierungen startete Gürtler Moden mit neuem Shop-Konzept und neuem Standort. 2006 übernahm Nicole das Geschäft von ihrer Mutter,

das sie seitdem mit großer Freude und Kompetenz führt. Fündig wird man sicher. Ob Damen- oder Herrenmode, Trachten oder Sportswear, cool oder casual, elegant oder sportlich. Aktuelle Mode in bester Qualität ist garantiert. Dabei geht es nicht um schnelllebige Trends, sondern um angesagte Fashion für jede Gelegenheit. Mit fundiertem Modewissen und einem „Riecher" für kommende Trends kann Nicole sowohl ihren langjährigen Stammkundinnen als auch Urlaubsgästen eine breite Palette an schicken Kleidungsstücken anbieten. Freundliche, kompetente Beratung steht an erster Stelle, eine Tasse Kaffee oder ein Glas Prosecco inklusive, damit man sich in aller Ruhe und in angenehmer Atmosphäre umschauen und anprobieren kann. Wer weiß, vielleicht hängt gerade hier genau das Kleid, nach dem man so lange gesucht hat. Wer unsicher ist, was zu ihm oder ihr passt, kann sich auf die Farb- und Typberatung bei Gürtler Moden verlassen und auf diese Weise Fehlkäufe vermeiden. Ein besonderer Service ist die Änderungsschneiderei direkt im Geschäft.
Bei der Damenmode sind es illustre Namen wie Luisa Cerano, Bianca, Hugo Boss, Airfield oder Diesel, die die Fashionista in einem wecken, und auch die Herren können unter stylishen Labels wie Diesel, Boss, Milestone oder Signum wählen. Wer eine Tracht oder ein Dirndl braucht, ist mit den Marken Gössl, Trenker, Lodenfrey oder Sportalm fesch und zünftig gewandet, selbstverständlich mit dem passenden BH für „darunter". Besonderen Wert legt Chefin Nicole auf österreichische Marken. Gössl steht dabei ganz vorne. Das 1947 gegründete Unternehmen war ursprünglich auf

Trachtenblusen spezialisiert. Heute fertigt das Salzburger Traditionshaus authentische Trachtengewänder für Alltag und Feste, außerdem legere Freizeitkleidung allerbester Qualität. Bei Gössl wird hochwertige Handwerkskunst mit zeitgemäßem Design gekonnt miteinander verbunden. Echte Hingucker des typischen Gössl-Stils sind die traditionellen Elemente der Tracht, wie wertvolle Handstickereien, Bordüren, das handgenähte Knopfloch, das heißt: Die unverkennbare Handschrift der Gössl-Entwürfe ist auf den ersten Blick ersichtlich.
Auch die Kitzbühler Firma Sportalm ist mit ihren Kollektionen bei Gürtler Moden vertreten. Ihre Unverwechselbarkeit bezieht sie aus dem klaren Bekenntnis zu Qualität und handwerklichem Know-how. Für jedes einzelne Modell – ob Skiwear, Sportstyle oder Tracht, wird vom Entwurf bis zur Fertigung großer Aufwand betrieben. Alpiner Lifestyle, charmant interpretiert, macht jedes Bekleidungsstück zu einem Statement des persönlichen Stils.

Das österreichische Unternehmen Airfield eröffnet mit seinem Motto „Mode aus Leidenschaft" neue Perspektiven. Hier findet Mode als Mittel zur Selbstinszenierung statt, Business Basics werden mit sportiven Outfits spielerisch verbunden, sodass Grenzen verschwinden und sich scheinbare Kontraste in harmonischer Optik zeigen – individuell, lässig und exklusiv.

Weiters präsentiert Nicole Gürtler die Kollektionen von Jones: Fashion für Tag und Nacht, coole und tragbare Mode für Sie, also für Frauen „wie Du und ich", mal entspannt, mal aufregend, mal in klassischem Schwarz-Weiß, mal in harmonischen sommerlichen Farben mit Türkis als I-Tüpfelchen, mal in aktuellen Nude-Farben.

Elegant, kosmopolitisch und ungeheuer feminin, das ist die Marke Luisa Cerano. Seit vielen Jahren begeistert das Label Kundinnen in aller Welt mit dem gekonnten Mix aus sportiver Lässigkeit und großer Klasse, immer hochmodisch im Anspruch, erstklassig in der Qualität, fantasievoll, kurz: Mode für selbstbewusste Frauen mit individuellem Stil. Nicole Gürtler hat hier mit untrüglichem Gespür für die Wünsche der modebewussten Frau eine Palette an passenden Outfits ausgesucht.

Auch Sportswear ist mit hippen Labels wie Colmar, Löffler, Belowzero, Westbeach oder The North Face vertreten. Natürlich wird das Sortiment jeder Saison angepasst, im Winter hat man zum Beispiel die Qual der Wahl zwischen topmodischer Skibekleidung für Abfahrt, Snowboard, Langlauf und Running, immer topaktuell in Schnitt und Farbe.

Ob cool, elegant, sportlich oder traditionell, bei Gürtler Moden macht das Shoppen Spaß, und die Kunden verlassen das Geschäft nicht nur mit einem oder mehreren neuen Lieblingsteilen, sondern auch mit dem Gefühl, etwas Besonderes erworben zu haben, das zum eigenen Stil passt.

Tiroler Steinöl Vitalberg

Tiroler Steinöl Vitalberg Betriebs GmbH

A-6213 Pertisau am Achensee

Telefon 00 43 (0) 52 43 / 2 01 86
Telefax 00 43 (0) 52 43 / 2 01 86 20
www.vitalberg.at

Tiroler Steinölwerke
Albrecht GmbH & Co KG

A-6213 Pertisau am Achensee 55b

Telefon 00 43 (0) 52 43 / 58 77
Telefax 00 43 (0) 52 43 / 58 77 75
www.steinoel.at

Seit über 100 Jahren verarbeitet die Firma Tiroler Steinölwerke den Ölschiefer des Bächentals im Karwendelgebirge zu hochwertigen pharmazeutischen und kosmetischen Produkten mit wertvollen Wirkstoffen.

Über 180 Millionen Jahre alt ist der Ölschiefer, aus dem das Tiroler Steinöl gewonnen wird. Es bildete sich aus fossilen Ablagerungen des Ur-Mittelmeeres „Tethys", das sich damals vom heutigen Europa bis nach Asien zog.

Über 50 Millionen Jahre lang lagerten sich darin tierische und pflanzliche Organismen am Grund ab, die durch den Sauerstoffmangel alle organischen Verbindungen konservieren konnten. Das Meer versiegte im Laufe der Millionen Jahre, und zahlreiche Sedimentschichten häuften sich auf dem Meeresboden auf. Dadurch entstand ein gewaltiger Druck, der die Umwandlung in Steinöl bewirkte. Bei der Entstehung der Alpen wurde der Ölschiefer im Bächental auf 1 800 Meter Seehöhe emporgedrückt, wo er heute von Juli bis Oktober gewonnen und verarbeitet wird.

Wie es dazu kam und wie sich die Produktion im Laufe der Zeit verändert hat, erzählt die interessante Familienchronik der Familie Albrecht: 1902 entdeckte der passionierte Mineraliensammler Martin Albrecht sen. diesen besonderen Ölschiefer während seiner Streifzüge durch die heimatlichen Berge. Am Seeberg nahe der Gaisalm am Achensee stieß er zufällig auf dunkelbraune Felsbrocken, die er sofort als Ölschiefer identifizierte: Eine beispiellose Firmen- und Familiengeschichte begann. Mit einfachsten Werkzeugen wurde im angeschlagenen Mariastollen der Ölstein unter Tage mit zwei Bergknappen händisch abgebaut, zerkleinert, in primitiven Graphittiegeln ausgebrannt und so erstmalig das wertvolle Steinöl gewonnen. Dies geschah nicht nur hier, wo das Aufkommen eher gering war, sondern ab 1908 auch im Bächental, wo Martin Albrecht erneut auf 1400 Metern Seehöhe eine mächtige Ölschieferlagerstätte entdeckte. Hier sollte die neue Schwelanlage entstehen; die einzige Verbindung von der Steinölbrennerei zur Verarbeitungsanlage in Jenbach führte aber über das 300 Meter höher gelegene Gröbner Joch. So musste das Steinöl in 25-Liter-Kannen auf Rückenkraxen mühselig zum Joch hinaufgeschleppt und von dort ins Achental befördert werden. Ein Betriebsunfall ließ Martin Albrecht 1925 erblinden, eine Katastrophe angesichts der sechs minderjährigen Kinder. Sobald

diese aus dem Gröbsten heraus waren, führten sie zusammen mit ihrem blinden Vater und seiner Schwägerin, der „Steinöl-Liesl", das Unternehmen weiter. Zweimal – 1927 und 1957 – wurde das Werk ein Raub der Flammen, doch weder dadurch noch durch eine Lawine im Jahr 1984 ließen sich die drei Söhne Ernst, Martin und Sepp entmutigen und führten das Lebenswerk ihres Vaters fort. Im Laufe der Zeit stieg die Nachfrage nach Tiroler Steinöl, die Brennmethode wurde auf produktivere Retortenöfen umgestellt, und die überforderten Kraxenträger bekamen zur Hilfe Maultiere bis zum Bau einer eigenen Materialseilbahn im Jahr 1946.

Heute führt die dritte Generation der Familie Albrecht mit moderner Technologie äußerst erfolgreich das Erbe ihrer Vorfahren weiter. Im Tagbau wird der Bächentaler Ölschiefer abgebaut und in Rohröfen ausgeschwelt. Durch die Erhitzung verflüchtigt sich das Öl zu einem milchig weißen Dampf, der sich in einem Kondensationssystem verflüssigt und als Steinöl niederschlägt. Dieses Öl gelangt mit Kleintransportern über zum Teil unwegsames Berggebiet zum Veredelungsbetrieb nach Jenbach, wo es zu naturbelassenen, hochwertigen Produkten weiterverarbeitet wird, die im werkseigenen Labor laufend einer strengen Qualitätskontrolle unterzogen werden. Auch die nächsten Generationen können das Werk ihrer Väter fortsetzen, da laut Schätzung von Geologen noch sieben Millionen Tonnen Ölschiefer im Bächental schlummern!

Wer sich über die Geschichte des Steinöls und der Familie Albrecht einmal in aller Ausführlichkeit informieren möchte, sollte sich in Pertisau im Erlebnismuseum Vitalberg eine Führung nicht entgehen lassen. In einem naturgetreu nachgebauten Bergbaustollen erfährt man anschaulich den Prozess der Gewinnung, des Abbaus und der Verarbeitung anhand originaler Werkzeuge und Hilfsmittel, außerdem gibt ein Film mit zum Teil historischen Aufnahmen äußerst interessante Einblicke. Dem Museum ist ein Shop angegliedert, in dem man alle Tiroler Steinölprodukte erwerben kann.

Durch seinen hohen Gehalt an organisch gebundenem Schwefel hat das Tiroler Steinöl eine außerordentlich wohltuende und pflegende Wirkung für Mensch und Tier – diese Wirkstoffe werden auch „heilsames Erbe des Meeres" genannt. Die Heil- und Pflegekraft der Tiroler Steinöl-Produkte ist unbestritten und wird von Ärzten, Heilpraktikern und ungezählten zufriedenen Kunden bestätigt. Das aus dem Ölschiefer geschwelte Öl wird nach überlieferten Rezepturen veredelt und zu den vielfältigsten Artikeln verarbeitet. Dazu gehört zum Beispiel das Steinöl-Bad, das nicht nur zu Hause in der Badewanne zu ungeahnter Entspannung verhilft, sondern auch in den physikalischen Abteilungen von Krankenhäusern und Rehazentren verwendet wird. Das Vital-Bad mit Tiroler Steinöl zeichnet sich durch eine spezielle Komposition von hochwertigen ätherischen Ölen aus. Auch Duschgel, Hauttonic, Haarshampoo, Haarbalsam, Körpermilch, Fossil- oder Arnika-Seife und Massageöl enthalten das wertvolle Steinöl, genauso wie Haussalbe, Ringelblumencreme oder Fußbalsam – alle Steinölprodukte haben sich seit Jahrzehnten zur Regenerierung und Pflege der Haut bewährt. Außerdem sind fast alle frei von Konservierungsstoffen und duften angenehm.

Nach dem Besuch des Museums und des Verkaufsshops erreicht man übrigens über einen Panoramalift den „Glasberg", ein architektonisches Meisterwerk, das in seinem Innern ein Café-Restaurant beherbergt, ideal auch für Feiern im Freundes- oder Familienkreis.

Stille Nacht und Alpenrock – das musikalische Zillertal

Ganz besonders eng verbunden ist das Zillertal mit dem weltberühmten Weihnachtslied „Stille Nacht, heilige Nacht". Der Komponist war Franz Xaver Gruber (1787–1863), und gedichtet wurde es von seinem Freund, dem Hilfspfarrer Joseph Mohr (1792–1848), die Uraufführung fand am 24. Dezember 1818 in der St.-Nikola-Kirche in Oberndorf bei Salzburg statt.

Die Entstehung dieses Liedes ist einem Zufall zu verdanken, nämlich dem Ausfall der Orgel ausgerechnet am Weihnachtsabend. Also griffen die beiden Freunde flugs zur Gitarre und sangen den Christmetten-Besuchern ihre gerade entstandene Weise vor. An mindestens 17 Orten im Salzburger Land, in Oberösterreich, in Bayern und auch im Zillertal befinden sich heute Gedenkstätten, die an die Geschichte dieses Liedes erinnern. Wie viele Legenden und Geschichten auch mit diesem Lied verbunden sind: Seine Verbreitung verdankt es dem Kapfinger Orgelbauer Karl Mauracher und den Strasser- und Rainer-Sängern aus dem Zillertal, seinen weltweiten Siegeszug trat es von Fügen aus an. Heute ist „Stille Nacht, heilige Nacht" als Inbegriff von Weihnachten in über 230 Sprachen an Heiligabend nicht wegzudenken. Kein anderes Lied hat wie dieses Einzug in so gut wie alle Kulturen der Welt gefunden. Karl Mauracher, der über 50 Orgelwerke errichtete, reparierte die Orgel der St.-Nikola-Kirche und intonierte die Weise zusammen mit fünf seiner neun Kinder und dem Fügener Kirchenchor in der Fügener Pfarrkirche, wo es dann wohl zu Weihnachten 1819 zu einer zweiten Uraufführung kam. Drei Jahre später besuchten der österreichische Kaiser Franz I. und der russische Zar Alexander I. Fügen während einer gemeinsamen Reise zu einem Kongress in Verona. Der damalige Kämmerer des österreichischen Herrschers, der Fügener Schlossherr Graf Dönhoff, wollte den beiden illustren Gästen natürlich auch musikalisch das Feinste bieten, was es in der Gegend gab, und so fanden die fünf Geschwister Rainer mit ihren Sanges-Darbietungen großen Anklang – sie wurden sogar an den russischen Zarenhof nach St. Petersburg geladen. Felix, Anton, Joseph, Franz und Maria Scholastika Rainer kamen

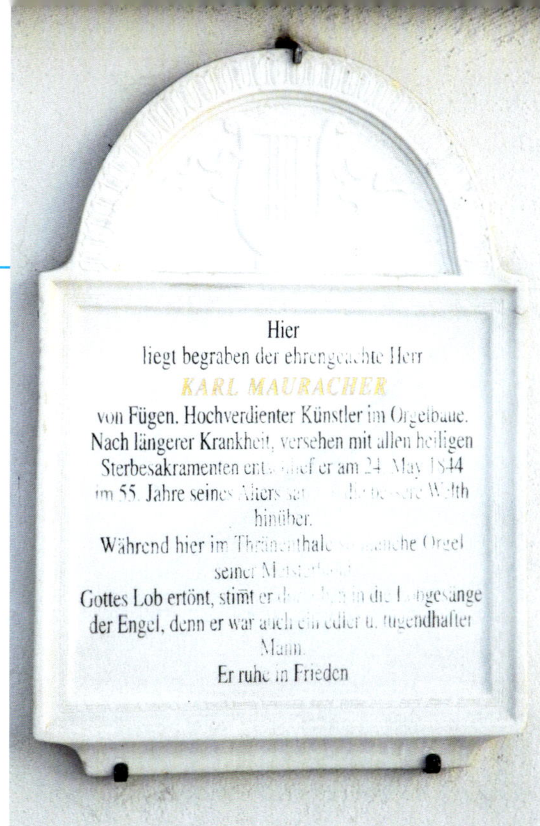

daraufhin auf die Idee, sich als Gesangsgruppe quasi „selbstständig“ zu machen – in damaliger Zeit ein großes wirtschaftliches Risiko, zumal die fünf Geschwister außerhalb des Zillertals völlig unbekannt waren. Aber das Glück war auf ihrer Seite und ließ sie an allen möglichen Königs- und Fürstenhäuser bis an den englischen Hof ihre Kunst erklingen, darunter natürlich das berühmte Lied „Stille Nacht, heilige Nacht“. Königin Victoria war davon so angetan, dass sie die Gruppe zu „Royal Singers“ ernannte.

Der Erfolg der Geschwister Rainer zog natürlich Nachahmer an, und so bildeten sich alsbald neue Sängergruppen im Zillertal, zum Beispiel die Geschwister Strasser, die Lerchen aus dem Zillerthale und eine Gruppe von blutjungen Zillertalern, die am Weihnachtstag des Jahres 1839 das Heiligabend-Lied erstmals auf Englisch vortrugen, nämlich „Silent Night, holy Night“ – vor amerikanischem Publikum vor der ausgebrannten Trinity Church in New York, später trugen Zillertaler Singgruppen das Lied in die ganze Welt hinaus.

Im Heimatmuseum Fügen kann man die beeindruckenden Fahrten der Rainer-Sänger und aller anderen weltberühmten National-Sängergruppen anschaulich nachvollziehen und sich in der Stille-Nacht-Stube über die Geschichte des Liedes informieren.

Musik liegt im Zillertal immer noch in der Luft: Das Zillertal gilt als das musikalischste aller Tiroler Täler – so viele Musikgruppen wie hier gibt es sonst nirgendwo, und so gut wie jedes Wochenende – und nicht nur dann – finden auf einer Alm, in einem Gasthaus oder auf einer Bühne Volksmusiktreffen statt, es wird „aufgespielt" und zum Tanzen und Feiern geladen. Nirgendwo sonst in den Alpen tummeln sich so viele Volksliedgruppen und volkstümliche Bands wie hier, darunter Berühmtheiten wie die Schürzenjäger, deren Version des Zillertaler Hochzeitsmarschs wohl jedem bekannt ist. Ob Frühschoppen, Heimat- oder Hüttenabend, Adventssingen, Frühlings- oder Trachtenfest, Pfingst- oder Herbstfest, Almabtrieb oder Sonnenwende, Schnaps- oder Oktoberfest, Geigenfest oder Musikkapellentreffen, immer und überall unterhalten die beliebtesten Gruppen der Gegend Einheimische und Besucher: die Ursprung Buam, die Zillertaler Haderlumpen, D'Alpler, die Jungen Zillertaler, die Mayrhofner, die Zillertaler Bergcasanovas oder Da Zillertaler, um nur einige zu nennen.

Schon legendär sind beziehungsweise waren die Schürzenjäger, 1973 gegründet und bis 1996 als „Zillertaler Schürzenjäger" eine der kommerziell erfolgreichsten Gruppen Österreichs. Sie entwickelten sich zu einer Band, deren Repertoire von der traditionellen Volksmusik über die volks-

tümliche Musik bis zu Alpenrock und Pop reichte. Warum der Zusatz „Zillertaler" wegfiel? Weil im Laufe der Zeit ganz einfach von zehn Mitgliedern nur noch vier echte Zillertaler waren, zudem bestand zunehmend Verwechslungsgefahr mit anderen Bands, die ihren Namen ebenfalls damit bereicherten. Zu ihren Open-Air-Konzerten jährlich im August pilgerten Massen von Fans, im Jahr 1996 waren es zum Beispiel 100 000 Besucher! Das letzte Konzert der Schürzenjäger fand am 21. Juli 2007 statt – ihre Fans werden ihnen wohl ewig nachtrauern. Doch es gibt ja noch andere Bands, die in die Fußstapfen der Schürzenjäger getreten sind und ebensolch gigantische Erfolge verzeichnen. Da hätten wir die drei Zillertaler Haderlumpen, die sich 1987 als Sechzehnjährige entschlossen, zusammen Musik zu machen. Sie nahmen an zwei volkstümlichen Musikantenwettbewerben teil und konnten gleich als Sieger nach Hause gehen, was natürlich verschiedenen Plattenfirmen buchstäblich zu Ohren kam – die erste MC und CD waren bald unter Dach und Fach, und der erste Fernsehauftritt vor einem Millionenpublikum war nur der Anfang einer beispiellosen Karriere in Europa und sogar in Amerika.
Ebenfalls in der Gunst der Fans ganz weit oben stehen die Ursprung Buam, „schneidig, typisch, ursprünglich", wie sie sich selbst bezeichnen. Unverkennbar ihre Arrangements und ihre teils witzigen Texte: Hüttentauglich, könnte man sagen. Handwerklich perfekt sind sie alle, auch die fünf Musiker der Mayrhofner, Erzmusikanten sozusagen. Originalität und eine einfache, ehrliche Aussage, Musiker aus Überzeugung und mit Authenzitität, das macht die Mayrhofner zu einer der beliebtesten Gruppen in der volkstümlichen Musikszene. Ein Karrierehöhepunkt war ihr Auftritt im Musikantenstadl in Dubai – auch die Scheichs in der Wüste wissen nun, wo das Zillertal ist! Erwin Aschenwald, das Original mit unverkennbarer Haartracht und gigantischem Schnurrbart, hat über 500 Stücke komponiert, nicht nur für sich und seine Band, sondern auch für Showgrößen wie Hansi Hinterseer, das Naabtal-Duo oder die Zillertaler. Womit wir bei der nächsten

Formation wären, nämlich bei den Zillertalern. Sie gibt es schon seit über 30 Jahren, als sich eine Dreiergruppe bildete, die die Leute mit unterhaltsamer Tanzmusik von romantisch über zünftig bis poppig unterhielt. Auch die Zillertaler beherrschen ihr Metier mit perfekten Bühnenshows samt toller Licht- und Video-Effekte, eingängigen Melodien und Texten, die ihre feste Verwurzelung in der geliebten Heimat widerspiegeln.
Nicht als Gruppe, sondern als gefeierter Solokünstler hat sich der fesche Marc Pircher einen Namen in der jungen Zillertaler Schlager-Generation gemacht. Bodenständig ist er und sehr beliebt. Die steirische Mundharmonika wurde ihm sozusagen in die Wiege gelegt, sein Vater erkannte früh das schlummernde Talent und förderte ihn, indem er Marc die Zillertaler Musikschule besuchen ließ. Musizieren wurde langsam vom Hobby zum Fulltime Job. Heute ist Marc Pircher bei etlichen Musiksendungen zu Gast und pendelt zwischen Musikant, Moderator und Schauspieler. Seine Songs, unter anderem die Ohrwürmer „Wer wenn nicht Du“, „Dirndl necken“ oder „Verliebt bis über beide Ohren“ sorgen vor allem beim weiblichen Geschlecht für Herzklopfen und weiche Knie.
Wer mal Lust auf andere als Alpenklänge hat, bitte schön: Im August 2010 findet das 22. Internationale Country, Blues & Folk Festival in Mayrhofen statt.
Musik ist im Zillertal nicht nur unterhaltendes Beiwerk, sondern gelebte und geliebte Tradition, deren Interpreten Musikliebhaber auf der ganzen Welt begeistern.

Almabtriebsfest in Gerlos

Zillertaler Trachtenwelt

Zillertaler Trachtenwelt

Nr. 82a
A-6262 Schlitters

Telefon 00 43 (0) 52 88 / 8 71 17
Telefax 00 43 (0) 52 88 / 8 71 65
www.trachtenwelt.com

Was ist eigentlich eine Tracht? Die Bezeichnung leitet sich vom althochdeutschen „traht" oder auch „trahta" ab und bezieht sich ganz einfach auf das, was „getragen" wird. Im Allgemeinen verstehen wir unter einer Tracht traditionelle oder historische Kleidung einer bestimmten Region, eines Landes, einzelner Bevölkerungs- oder Berufsgruppen, wie zum Beispiel die Trachten der Zimmerleute. In den Alpen gab es meist eine alltägliche „Werktagstracht" und eine „Festtagstracht", die nur zu besonderen Anlässen, wie Prozessionen oder Hochzeiten, angelegt wurde. In einigen Gebieten haben sich aber traditionelle Kleidungsstücke bis heute im Alltag erhalten, so zum Beispiel auch in Österreich, wo Lederhosen und Dirndl auch zum Werktags-Outfit gehören.

Wer auf der Suche nach einer traditionellen Tracht, einem originellen Dirndl, lässiger Landhausmode oder passendem „trachtigen" Zubehör ist, sollte sich einmal in der Zillertaler Trachtenwelt in Schlitters umschauen. Auf ungefähr 2 000 Quadratmetern präsentiert sich hier in hellen, großzügigen Räumlichkeiten eine Fülle an Trachten- und Landhaus-Kleidung. Die Trachtenwelt ist das größte Outletcenter in Westösterreich, mit einer eigenen Herrenabteilung auf 500 Quadratmetern und einer Damenabteilung auf 1 000 Quadratmetern. Die restlichen 500 Quadratmeter beherbergen einen Musikladen mit Fan-Shop-Artikeln, CDs und DVDs von allen beliebten Volksmusik- und Schlagerinterpreten aus Österreich, Deutschland und der Schweiz sowie ein Café mit Snacks, das zu einer Pause beim Shopping einlädt.
Die Zillertaler Trachtenwelt mit mittlerweile 33 Mitarbeitern besteht schon seit über elf Jahren und ist im Laufe der Jahre von drei auf über zwölf

Filialen in Tirol, Salzburg und im bayerischen Raum angewachsen – sicher ein Hinweis darauf, dass sich viele Menschen, auch modisch gesehen, etwas Beständiges, Traditionelles wünschen, etwas, das ihnen gleichzeitig Identität, aber auch Individualität verleiht. So kann man zwischen unzähligen, wunderschön gearbeiteten Dirndln seinen Favoriten suchen, mini, midi oder lang, mit oder ohne Schürze, mit tiefem Dekolleté oder hochgeschlossen: Alles ist möglich und eine Frage des Geschmacks und des Anlasses. Als Firmenphilosophie hat es sich die Zillertaler Trachtenwelt zur Aufgabe gemacht, Menschen mit Traditions- und Modebewusstsein mit stilvoller Trachten- und Landhausmode zu umgarnen. Dabei sind die Mitarbeiter stets bemüht, aktuelle Trachtenmode und Trachtentrends einem breiten Teil der Bevölkerung zugänglich zu machen und zu zeigen, dass Trachtenmode längst wieder alltagstauglich geworden ist und man mit einer Tracht auch für jeden festlichen Anlass zeitlos und passend gekleidet ist. Die Palette der fantasievollen Dirndlkleider und Landhausmode ist breit gefächert und beinhaltet auch eine besonders hochwertige Lederkollektion für Damen und Herren. Die Firma steht für den neuen Zeitgeist der Tracht genauso wie für traditionelle, bodenständige Trachten- und Landhausmode für Damen, Herren und Kinder. Mit den dazu passenden Accessoires wie Ketten, Strümpfe, Taschen, Schuhe, Unterwäsche, Hüte, Gürtel und vielem mehr wird ein rundes Programm an stilvoller und hochwertiger Trachtenmode angeboten. Nehmen wir zum Beispiel die Unterwäsche, die zu jedem Dirndl passend lagert, entweder mit

verführerischen Rüschen, aus zarter Spitze oder mit trendigem Karo-Design. Ein gut sitzender Dirndl-BH zaubert ein perfektes Dekolleté, das auch von einer passenden Bluse unterstrichen wird. Die Dirndl-Blusen sind entweder klassisch mit geradem Arm und aufgesetzter Borte oder mit transparenten Ärmeln, Blumenstickerei und eingefasstem Ausschnitt. Auch bei den Schürzen

hat frau die Qual der Wahl: Sie verwandeln ein Dirndl vom Freizeitdress in ein Festtagsoutfit und verleihen ihm somit einen sportlichen oder eleganten Anstrich. Mit mehreren Dirndlschürzen in unterschiedlichen Farben und Mustern hat man mit einem einzigen Dirndl gleich mehrere Kleidungsstücke verschiedener Art im Schrank.

Das Zillertal gehört zu den absoluten Trachten-Hochburgen, die zahlreichen Trachtenvereine und Musikgruppen der Gegend benötigen immer wieder hochwertige Vereinsbekleidung oder leistbare Trachtenmode. Das Angebot an originalen Trachten ist leider sehr geschrumpft; dieser Entwicklung möchte die Zillertaler Trachtenwelt entgegenwirken und hat deshalb in mühevoller Arbeit auch ein rundes Angebot an originalen Taltrachten zusammengestellt.

Zu den Trachten erhalten Vereine auch die passenden Accessoires, wie Schuhe und Krawatten, die aus besten Materialien in althergebrachter Handarbeit gefertigt werden. Für diese Kleidungsstücke werden nur die hochwertigsten Stoffe sowie originalgetreue Borten und Bänder verwen-

det, um die jeweiligen kulturellen Kostbarkeiten einer Region in ihrer Echtheit zu erhalten. Zurzeit umfasst das Sortiment die komplette Zillertaler Tracht für Damen und Herren sowie originale Damentrachten aus der Wildschönau, dem Alpbachtal, Stubaital sowie dem Tiroler Ober- und Unterland.

Auch der Gastronomiebereich wird von der Zillertaler Trachtenwelt mit innovativen, tragbaren, pflegeleichten und günstigen Trachten beliefert: Ein auf diese Weise gewandetes Service-Personal wertet schließlich jedes Restaurant oder Gasthaus auf und unterstreicht die kulturelle Identität.

Der eigene Onlineshop ermöglicht eine bequeme Bestellung aller aktuellen Trachtentrends von zu Hause aus, genauso wie der Katalog, der alle Angebote beinhaltet.

Damit noch nicht genug: Die Trachtenwelt veranstaltet das ganze Jahr hindurch in Zusammenarbeit mit zahlreichen Zillertaler Musikgruppen, wie zum Beispiel den Zillertaler Haderlumpen, dem Original Zillertaler Sound und vielen anderen, sehr erfolgreiche Musikevents, bei denen sich mittlerweile Tausende von Besuchern einfinden, um bei freiem Eintritt mit ihren Volksmusikstars zu feiern: Das dafür passende Outfit kann man sich natürlich vorher in der Zillertaler Trachtenwelt aussuchen.

BAWA Lounge GlamClub

BAWA Lounge GlamClub
Dieter Daum

Badweg 3
A-6263 Fügen

Hotline 00 43 (0) 6 76 / 5 55 50 20
www.nightzone.cc

No Kids, just Glamour, Fame & Champagne ist das Motto des Nr. 1 GlamClubs im Zillertal! Ein Club, der jedem Vergleich standhält: exklusiv, mondän, stylish, urban und kosmopolitisch. Das sind die Attribute, die auch die Menschen, die der Club erreichen will, auszeichnen. Nicht umsonst wurde der Bawa GlamClub S-Award-Gewinner *Best Club from Austria* 2007.

Wer einen wirklich exklusiven Abend in ebensolchem Ambiente erleben möchte, der ist in der Bawa Lounge am richtigen Ort: die ideale Spielwiese für nationale und internationale DJs und für positive, relaxed people, die das „etwas Mehr" vom Abend erwarten. Die Bawa Lounge ist ein

in Tirol entwickelt. Mit den ausgewählten Motto-Partys wie „Decadence", „Pink & White Summer Clubbing", „Spring Time Winter Fusion", „Mountain deLuxe Club Night" und so weiter wurde der Club auch über die Grenzen Tirols hinaus bekannt.

multifunktionales Lokal für Clubbings, Partys und Präsentationen – für Kommunikation, Lifestyle und vor allem für Spaß und Genuss mit Freunden. Für jeden Event bietet die Bawa Lounge den richtigen Background: Stilvolle, puristische Architektur, modernste Technik, Top-DJs sorgen für perfekten Club- und House-Sound, mit anderen Worten, die Bawa Lounge ist der ideale Ort für nationales und internationales, anspruchsvolles Publikum.
Der Bawa Beach ist der Chillbereich der Lounge und bietet ein wunderschönes Ambiente für den Entré. Hinter diesem Konzept der Abendunterhaltung steckt natürlich eine Philosophie: Die Bawa Lounge versteht sich als trendige Mischung aus Bar, Club und Event-Location, ein einzigartiger Ort im Herzen des Zillertals bei Fügen. Hier wird eine neue Dimension des Ausgehens und des Feierns im „aktivsten Tal der Welt" zelebriert. Stilvoll geht es zu, und das gilt auch für die Kleidung der Gäste. Vom Publikum wird ein gewisser Dresscode erwartet, außerdem muss man mindestens 20 Jahre alt sein.
Hier begegnen sich Gleichgesinnte, die einen außergewöhnlichen Abend verbringen möchten, um sich angeregt zu unterhalten, zu flirten, zu tanzen und zu feiern. Feine Housemusik, von berühmten Discjockeys aufgelegt oder auch Live-Auftritte bekannter Künstler bilden den Background und sorgen für ausgelassene Stimmung. Die Atmosphäre eignet sich auch super für Präsentationen und Kommunikation dank einzigartiger Multimedia- und LED-Lichteffekte. Seit ihrer Eröffnung im Oktober 2004 hat sich die Bawa Lounge zum angesagtesten und exklusivsten Club

Hotel Sonne

Hotel Sonne
Thomas Huber

Dorfstraße 57
A-6263 Fügen

Telefon 00 43 (0) 52 88 / 6 22 66
Telefax 00 43 (0) 52 88 / 6 21 77
www.sonne-fuegen.at

Fügen ist der Hauptort der „ersten Ferienregion des Zillertals" und in vieler Hinsicht eine Reise wert. Da wäre zum Beispiel das Heimatmuseum, das mit zahlreichen Exponaten über Volkskultur und Brauchtum anschaulich die Geschichte der Region präsentiert. Musikfreunde sollten das Orgelerhaus besuchen, Heimat des berühmten Orgelbauers Karl Mauracher, der das Lied „Stille Nacht, heilige Nacht" nach Fügen brachte, von wo es seinen Zug um die Welt antrat. Wer hier ein paar Tage oder länger bleiben möchte, findet im Hotel Sonne im Zentrum von Fügen eine Unterkunft, die alles bietet, was man braucht: gemütliche Zimmer, traditionelle Stuben und ein familiäres Ambiente.

Zu den Wander- und Skigebieten Spieljoch, Hochfügen und Hochzillertal sind es nur einige Autominuten, und schon befindet man sich in der herrlichen Zillertaler Bergwelt. Skier können im hauseigenen Ski- und Snowboardverleih ausgeliehen werden, der hoteleigene Bus holt die Gäste ab und bringt sie wieder „heim", wo man nach einem aktiven Tag noch in der Sauna entspannen kann, bevor man sich in den alten Stuben zum Abendessen niederlässt und mit traditioneller, einheimischer Küche verwöhnt wird.

Im Hotel Sonne befinden sich drei Locations quasi unter einem Dach, denn gleich um die Ecke lädt das Kosis, die hippe Fun-Food-Bar, zum Chillen, Sonnenbaden oder zu stilvollem Speisen. Das Ambiente des Kosis lässt auf Anhieb Wohlbefinden aufkommen. Das liegt zum einen an der außergewöhnlich geradlinigen Einrichtung, die trendigem Lifestyle entspricht. Dieser „In-Treff" mitten in Fügen versteht sich als Meeting Point sowohl für Einheimische als auch für Gäste. Zum anderen tragen das aus dem 14. Jahrhundert stammende Mauerwerk, die alten Holzbalken und der offene Kamin zum ansonsten puristischen Design ein ganz besonderes, historisches Flair bei. Hier lässt sich auf angenehmste Art und Weise ein gepflegtes Glas Wein oder Bier trinken, hier lässt es sich aber auch ganz famos mit Freunden feiern oder speisen. Außerdem bietet das Kosis ein außergewöhnliches Wochenprogramm, zum Beispiel donnerstags die After Work Music Party mit Live-Musik, sonntags Kosis Sunday Brunch, und monatliche Highlights unter bestimmten Mottos mit bekannten Live-Bands.

Immer dabei ist der Inhaber Thomas „Kosi" Huber, der dem Szene-Treff nicht nur seinen Namen gab, sondern als „richtiger" Wirt durch seine ständige Präsenz dem Lokal eine ganz persönliche Note verleiht und auch weiß, wie eine Nacht im Kosis sein muss, nämlich „schwarz" wie der Teufel, „heiß" wie die Hölle, „rein" wie ein Engel und „süß" wie die Liebe!

Aller guten Dinge sind ja bekanntlich drei, und so ist die dritte Location das Gartenhaus neben dem Kosis. Die wunderschöne, große, gepflegte Gartenanlage bildet den passenden Rahmen für Feiern aller Art von 20 bis 200 Personen, sei es Geburtstag, Taufe, Hochzeit, Firmenjubiläum, Weihnachten oder Silvester.

Welt der 5 Sinne

Welt der 5 Sinne
Johannes Rieser

Hauptstraße 52
A-6263 Fügen

Telefon 00 43 (0) 6 76 / 5 63 55 00
www.welt5sinne.at

Einen besseren Ort als das wunderschöne Haus aus dem 13. Jahrhundert hätte sich die Welt der 5 Sinne nicht aussuchen können: Tritt man durch die Tür ein paar Stufen hinunter in die geschichtsträchtigen Gewölbe, so duftet es betörend nach allen Wohlgerüchen des Orients zu exotischen, faszinierenden Klängen.

Johannes hat sich hier ein Reich geschaffen, das vor allem Menschen anzieht, die das Ausgefallene suchen, etwas, das nicht jeder hat, vielleicht ein kleines oder größeres Geschenk für jeden Anlass.

Besonders groß ist die Auswahl an Trommelsteinen und Mineralien, wie Bergkristall, Amethyst, Tigerauge, Jaspis, Karneol, Türkis und vielen anderen. Zu jedem Stein gibt eine Beschreibung Auskunft über seine Wirkung, demnach bewahrt der Amethyst zum Beispiel vor Alpträumen und verhilft zu erholsamem Schlaf, das Tigerauge übt eine wärmende Wirkung auf den Körper aus und lässt ihn Erkältungen schneller überwinden, es stärkt die Leber und wirkt bakterienhemmend. Der Schwarze Turmalin sei der heilkräftigste aller

schwarzen Steine, so Johannes, er bewahre vor allen negativen Einflüssen, gebe Energie bei Erschöpfungszuständen und löse emotional bedingte Blockaden. Jeder dieser Steine besitzt eine eigene Schwingung. Legt man sie in eine Wasserkaraffe, so geben sie diese an das Trinkwasser ab, das dann entweder beruhigend oder aufmunternd wirken kann.
Johannes stellt hinreißende Schmuckstücke aus all diesen Halbedelsteinen her. Ketten, Ohrringe, Armbänder, Anhänger: Alles mit Liebe und Handfertigkeit selbst gemacht, auf Wunsch werden ganz individuelle Einzelstücke hergestellt. Auch Reparaturen nimmt Johannes an oder macht aus einer alten Kette ein neues Unikat.
Einzigartig sind auch die verschiedenen Räuchermischungen, die für besondere Stimmung sorgen und Balsam für die Seele sind. Johannes ist Kenner und bietet mit seinen individuell zusammengestellten Mischungen auch Hausräucherungen zur Reinigung oder Neutralisierung und danach

zur Harmonisierung an. Dazu findet man einzigartige Stücke aus aller Welt zur Gestaltung der Wohnräume, zum Beispiel handgefertigte Stimmungslampen aus Indonesien, Buddhas und Holzfiguren aus Bali, Trommeln aus Afrika und Didgeridoos aus Australien, Klangschalen und Zimbeln (zum Reinigen der Räume) aus Tibet und Gongs aus China. Diese exotischen Instrumente können auch zur Entspannung von Körper, Geist und Seele verwendet werden. In der Welt der 5 Sinne kann man sich zudem mit energetischen Massagen verwöhnen lassen. Von der LaStone-Massage mit warmen Lavasteinen über die Harmonisierung mit Klangschalen bis zur Ohrkerzenbehandlung ist alles dabei, was den Einklang von Körper, Geist und Seele fördert und Verspannungen und Blockaden löst.

Café Restaurant Edhof

Café Restaurant Edhof
Reitanlage
R & D Eberharter

Kapfingerstraße 11
A-6263 Fügen

Telefon 00 43 (0) 52 88 / 6 24 68
Mobil 00 43 (0) 6 76 / 83 85 55 28
www.rcr-edhof.at

Fügen ist der größte Ort des Zillertals und bietet seinen Besuchern eine Menge an Erlebnissen, sei es Kultur, Geschichte, Spaß oder Sport. Wer einmal gemütlich durch die Straßen von Fügen und Umgebung schlendert, entdeckt das eine oder andere architektonische Kleinod. Das Heimatmuseum, die Schau-Käserei, die historischen Kirchen und Kapellen und zahlreiche Geschäfte, Restaurants, Cafés und Bars geben Fügen ein vielfältiges Gesicht. Für Aktivität ist ebenfalls gesorgt, im Winter locken die nahe gelegenen Skigebiete Hochfügen-Hochzillertal und Spieljoch. Kostenlose Skibusse bringen die Gäste zum Ziel. Der Sommer bietet Möglichkeiten zum Wandern in der herrlichen Zillertaler Bergwelt.

Wer Pferde und den Pferdesport liebt, der ist in Fügen auf dem Edhof genau richtig. „Das höchste Glück der Erde liegt auf dem Rücken der Pferde" – dem kann jeder Pferdefreund nur beipflichten. Familie Eberharter aus Fügen ist seit Oktober 2009 neuer Pächter der Reitanlage Edhof. Roland und Daniela Eberharter und ihre Kinder sind leidenschaftliche Pferdebesitzer und Hobbyreiter. Ihre Idee war es, nicht nur die Reitanlage zu nutzen, sondern auch ein kleines, aber feines Restaurant mit ins Programm zu nehmen. Ihre Philosophie zielt darauf ab, auch dem sogenannten Nicht-

reiter die Möglichkeit zu geben, den herrlichen Tieren ohne Berührungsängste näher zu kommen, wie zum Beispiel den schönen Friesen oder Percheron-Pferden.
Bei einem gemütlichen Mittag- oder Abendessen kann man vom Restaurant aus dem Treiben in der Halle zuschauen. Der Edhof bietet eine etwas andere Art der Gastronomie im Zillertal. Mit viel Liebe und Gefühl zum guten Geschmack der hei mischen und internationalen Küche werden die Speisen zubereitet, was die positive Resonanz der Gäste beweist. Günstige Mittagsmenüs bereichern das Angebot, und wer eine Familien- oder Firmenfeier plant, wird von den Mitarbeitern in jeder Hinsicht bestens beraten. Zur Wildsaison kommen köstliche Gerichte aus der hauseigenen Jagd auf die Teller. Außerhalb der Wildwochen hält der Küchenchef mindestens ein Wildgericht bereit.
Die Reitschule wird mit sehr viel Geduld und Kompetenz geführt. Ob Anfänger, Fortgeschrittener oder Könner, ob Klein oder Groß, das Angebot passt sich jedem Reitniveau an. Für die ganz Kleinen gibt es ein gemütliches Ponyführen. Anfänger können beim Longe-Unterricht erste Erfahrungen sammeln. Die Angebote fangen bei der Theorie an, die nicht nur die Anatomie des Pferdes berücksichtigt, sondern auch den Umgang mit den sensiblen Tieren, wie man ein Pferd sattelt, zäumt und pflegt. Der praktische Unterricht besteht aus Einzel-Longestunden für Anfänger, Privat- oder

Gruppenreitstunden, Dressur- oder Springreiten, und zwar sowohl für Privat- als auch für Schulpferde. Auf den perfekt ausgebildeten Schulpferden macht Reiten lernen richtig Spaß. Helme werden dafür gestellt, nur für flaches, robustes Schuhwerk muss man selbst sorgen. Pferdebesitzer können ihre Tiere in den gepflegten Boxen unterstellen, wo sie gefüttert und auf Wunsch auch geritten oder ausgebildet werden. Tägliche Bewegung ist für die Pferde sehr wichtig, hier sorgt zum Beispiel eine automatische Führanlage für ausreichend Auslauf in frischer Luft. Verschiedene Showprogramme, wie die „Western & Steak Night“ mit gegrillten Steaks, bringen Abwechslung für Groß und Klein. Etwas ganz

Besonderes ist eine Kutschenfahrt durch das schöne Zillertal! Ob Sommer oder Winter, egal bei welchem Wetter, die überdachten Kutschen bieten Platz für 22, 18 oder zehn Personen. Damit ist es möglich, gleichzeitig bis zu 50 Personen in drei Kutschen zu befördern, das ist tirolweit einzigartig. Einzigartig sind auch die beiden schwarzen Percheron-Hengste, die vor die großen Kutschen gespannt werden. Diese prächtigen, riesigen Tiere sind Kaltblutpferde aus der Normandie, die Rasse wurde ursprünglich als schwere Arbeitspferde vor dem Pflug und für die Waldarbeit gezüchtet. Angeblich sind die Percherons Nachfahren der mittelalterlichen Ritterpferde – bei der imposanten Größe leicht nachvollziehbar! Dank ihres freundlichen Wesens und ihrer guten Reiteigenschaften eignen sie sich aber auch als Reitpferde, wenn man über genügend Erfahrung und fachliche Kompetenz verfügt. Ein Percheron vereint Kraft mit Temperament, ist dabei aber sensibel und sehr willig – und schön sind diese Pferde obendrein. Ein kleines Detail am Rande: Das größte Pferd aller Zeiten war ein 1830 in den USA geborener Percheron-Hengst mit einem Stockmaß von 2,13 Metern und über 1 300 Kilogramm Gewicht.

Wer ganz stilvoll zu seiner Hochzeit mit der Kutsche vorfahren möchte: Der Landauer ist eine romantische Alternative zu jedem noch so luxuriösen Auto! Familie Eberharter bietet ab fünf Personen auch Kutschenfahrten mit Kaffee und Kuchen oder inklusive Mittagsmenü an, und im Winter macht eine stimmungsvolle Pferdeschlittenfahrt mit Glühwein oder Schnapserl sicher großen Spaß.
Alle diese Möglichkeiten zur Freizeitgestaltung sind auch als Geschenkgutscheine erhältlich, und so wäre es doch für die ganz Kleinen ein herrliches Erlebnis, sich von Mama oder Papa auf einem Pony führen zu lassen. Oder wie wäre es mit einer Geburtstagsparty ganz nah bei den Pferden? Das Geburtstagsprogramm beinhaltet Ponyreiten, Schnuppern auf einem großen Pferd, Einführung in Pferdekunde, Pferdepflege und Stallalltag, dazu gibt es eine Geburtstagsplatte, einen Softdrink, eine Überraschung für jedes Kind und natürlich ein Geschenk aus der Schatzkiste für das Geburtstagskind. Auch für das Restaurant und die Reitschule kann man Gutscheine erwerben und damit Freude schenken.

Sport und Action

Was erwartet die Gäste in einem Tal, das sich selbst als „aktivstes Tal der Welt" bezeichnet? Genau: Sport und Action vom Feinsten, und das ganzjährig. Nichts, was es nicht gibt: Das fängt beim Wandern an und hört beim „Fliegen" auf, und dazwischen tummeln sich die vielfältigsten Möglichkeiten, das Zillertal aktiv zu erleben. Leichte oder anspruchsvolle Bergtouren, Klettersteige zum Kraxeln, Wege zum Radeln oder Mountainbiken oder zum Nordic Walking, Wildwasser und Bergbäche für Rafting, Kanufahren und Canyoning, unzählige Pisten aller Schwierigkeitsgrade für Skifahrer und Snowboarder, romantische Landschaften zum Schneeschuhwandern, bestens präparierte Pisten für Langläufer, gut ausgebildete Pferde für Reit- und Kutschenspaß, außerdem Tennisplätze, Schwimmbäder, Möglichkeiten zum Paragleiten und Drachenfliegen, auch Golfplätze sind nicht weit entfernt. Fehlt da noch etwas? Ja, ganz Mutige können sich im hinteren Zillertal durch steile Schluchten hangeln, auf einer Hängebrücke darüber balancieren und dabei ihre Schwindelfreiheit unter Beweis stellen. Wer lieber gemütliche Herausforderungen liebt, geht angeln: Einige Hotels bieten von Mai bis November Angelmöglichkeiten an, und sogar auf die Pirsch kann man gehen und sich Hirsch und Reh von der Nähe ansehen. Jagdmöglichkeiten haben ebenfalls einige Hotels und Pensionen im Programm.

Auch wenn das Zillertal das ganze Jahr über zu allen möglichen sportlichen Betätigungen einlädt,

der Winter ist und bleibt *die* Jahreszeit. Die Berge zeigen sich in ihrer ganzen weißen Pracht und bieten Kindern und Erwachsenen das komplette Angebot des Skisports.
Jede Region im Zillertal kann mit perfekt präparierten Pisten aller Schwierigkeitsgrade aufwarten, vom Übungs- und Kinderlift über die Genießerabfahrten bis zu den schwierigsten, schwarz markierten Abfahrten für Könner ist alles dabei. Snowboarder finden auf eigenen Pisten ebenfalls den Weg nach unten, wie es beliebt. Die Rodelbahnen sind teilweise auch nachts beleuchtet, eine lustige Angelegenheit in romantischer Atmosphäre. Schön gespurte Loipen sorgen auch bei den Langläufern für Spaß und Action. Und Ski-, Board- und Rodelmuffel müssen sich nicht langweilen, denn die Zahl der ausgebauten Skischuh- und Winterwanderwege ist ebenfalls groß – so erlebt man per pedes die weiße Pracht ganz ohne den Rausch der Geschwindigkeit, aber trotzdem hautnah und dabei in aller Ruhe.
Am Hintertuxer Gletscher ist Skifahren sogar ganzjährig möglich. Die Pisten befinden sich teilweise auf 3 000 Metern Höhe auf dem Glet-

scher mit atemberaubender Aussicht. Der einzige lifterschlossene Dreitausender des Zillertals bietet seinen Besuchern eine majestätische Bergkulisse von der Zugspitze über die Dolomiten bis zum Großglockner, dem höchsten Berg Österreichs. Eine geradezu sagenhafte Skifahrt ist die Gletscherrunde, die man an einem Tag absolvieren kann. Dabei überwindet man 15 000 Höhenmeter mit insgesamt 72 Kilometern Abfahrten von 630 bis 3 250 Metern.

Kein Wunder, dass das Zillertal die Heimat einiger weltberühmter Wintersportler ist, wie zum Beispiel von Leonhard Stock, Olympiasieger und Abfahrtsweltmeister, von Extrembergsteiger Peter Habeler oder vom Olympiasieger und Doppelweltmeister Stephan Eberharter. Auch der Rad- und Motorradsport hat zwei Zillertaler Größen zu nennen, nämlich den Radrennfahrer Georg Toschnig und den Motorradfahrer Heinz Kinigadner.

Das Tal ist geradezu prädestiniert für Paragleiter und Hängegleiter. Durch den Nord-Süd-Verlauf

ist hier die Fliegerei ganzjährig möglich, egal ob als Freiflieger oder als Tandempassagier. Da die Seilbahnen fast alle sommers und winters geöffnet sind, gibt es eine Fülle an Startplätzen. Einige Startplätze sind aber auch mit öffentlichen Verkehrsmitteln erreichbar. Durch das Zillertal weht ein ausgeprägter Talwind, der von Juni bis September am intensivsten spürbar ist. Diese Talwindschicht kann bis zu 1600 Meter NN reichen, ist also fast 1000 Meter dick – abhängig vom jeweiligen Tag. Der Wind kann bis 40 Stundenkilometer auffrischen. Ab mittags beginnt der Taleinwind (Nord) zu wehen und erreicht seinen Höhepunkt gegen fünf Uhr nachmittags. Man muss allerdings beachten, dass bei eher niedrig gelegenen Startplätzen das Talwindsystem von der Hauptwindrichtung vollkommen abweichen kann und der lokale Wetterbericht dieses Talwindsystem nicht berücksichtigt. Problematisch kann es auch beim Föhn werden, der im Zillertal nach dem Wipptal am zweithäufigsten bläst, besonders im Frühling und im Herbst.
In der Gegend um Mayrhofen und Hippach gibt es sechs Startplätze (Penken Nord, Penken Süd, Penkenjoch-Finkenberg, Ahorn/Filzen, Perler, Arbiskopf) und vier Landeplätze (Sidan-Schwendau, Bruggerstube-Hollenzen, Edenlehen, Finkenberg). Verschiedene Flugschulen bieten Paragleiter- und Drachenflieger-Ausbildungen sowie Tandemflüge an.
Nach so viel Sport und Aktivität ist Entspannung angesagt: Dazu laden etwa in den größeren Hotels und Pensionen die Wellnessabteilungen ein, die fast immer über Hallen- oder Freibad, verschiedene Saunas, Whirlpools, Kneippbecken und Ruheräume verfügen – oft mit einer herrlichen Aussicht auf die Zillertaler Bergwelt.

Sport Rainer

Sport Rainer
Christian Rainer

Dorfstraße 17
A-6271 Uderns

Telefon 00 43 (0) 52 88 / 6 24 52
Telefax 00 43 (0) 52 88 / 6 24 524
www.sportrainer.com

Das Zillertal nennt sich selbst „das aktivste Tal der Welt" – das ist nicht einmal übertrieben, denn in diesem schönen Fleckchen Erde sind Sport und Action in jeder Form grenzenlos, und das ganzjährig: In der warmen Jahreszeit kann man wandern, bergsteigen oder klettern, biken, schwimmen, reiten oder Tennis spielen, den Winter verbringt man mit Skifahren, Snowboarden, Eislaufen oder Schneeschuhwanderungen. Für all diese Sportarten braucht es natürlich passende Geräte, Kleidung und Accessoires, und die findet man in großer Auswahl und bester Qualität bei „Sport Rainer" in Uderns.

Sport Rainer wurde 1985 eröffnet und ist seitdem führend in der Sport- und Fashion-Branche. Die neuesten Trends sind im Shop immer vorrätig. Christian Rainer weiß genau, was man sich zulegen sollte, wenn man „in" sein möchte. Als absoluter Kenner ist sein Rat gefragt, denn jede Aktivität verlangt nach adäquater Ausrüstung, und da der Markt über eine Fülle von Angeboten verfügt, ist die Wahl nicht immer einfach. Christian und Andreas Rainer und ihr Team stehen hier mit Know-how und Begeisterung zur Seite. Skier für Tiefschnee, für Free Ski oder der normale Carving Ski, Sneaker, Wanderstiefel, Rucksäcke, Badebekleidung, Skibrillen, Helme, Accessoires: alles da, und immer in den gerade trendigen Modefarben und von Marken, die nicht jeder hat und die beim Szenepublikum beliebt sind.
Da ist etwa die Marke Billabong oder die Trendmarken Volcom aus den USA oder Sweet aus Norwegen, beide mit lässiger Mode für coole Typen, oder die anderen Namen der Sportmode

wie Oakley, Analog, Burton, Armada, Fox, Quiksilver, O'Neill oder Roxy, um nur einige zu nennen. Alle Labels vermitteln ihren Trägern das Gefühl, „dazuzugehören", modisch up to date zu sein und Stil und Individualität zu zeigen. Es darf dabei ruhig bunt und grell zugehen, nur eines darf es nicht sein: langweilig. Das gilt nicht nur für die Oberbekleidung, sondern auch für Unterwäsche, Schuhe, Handschuhe, Kappen und Sonnenbrillen. Übrigens hängt bei Sport Rainer nicht „nur" trendige Sportkleidung, sondern auch die ganze Palette von Jeans, T-Shirts, Shirts und Zip Hoods, also Casual Ware von den hippsten Marken in angesagten Schnitten und Farben. Im Winter wählen Schneesportler aus einem großen Angebot an Skiern, Snowboards, Stiefeln und Helmen. Christian Rainer beobachtet in letzter Zeit allerdings einen verstärkten Trend zum Leihski. Warum auch nicht? Auch hier findet der Kunde das Neueste, das es auf dem Markt gibt, ob Carvingski, Freeski, Kinderski, Skischuhe, Boards, Stöcke, Rodel oder ein ganzes Langlaufskiset: Alles ist perfekt gepflegt und auf dem neuesten Stand der Technik. Ein besonderer Service von Sport Rainer ist „7 Tage fahren, 6 Tage bezahlen". Und wer es ganz bequem haben möchte, schreibt einfach eine E-Mail an christian@sportrainer.com, und Christian kümmert sich dann um alles.

St. Pankraz Apotheke

St. Pankraz Apotheke
Mag. Paul Gehwolf

Karl-Mauracher-Weg 36
A-6263 Fügen

Telefon 00 43 (0) 52 88 / 6 70 00
Telefax 00 43 (0) 52 88 / 6 70 012
www.apozillertal.at

Eine Apotheke ist heute nicht mehr nur ein Ort, um notwendige Medikamente zu kaufen, sondern versteht sich als ganzheitlicher Berater in Sachen Gesundheit, Vorsorge, Wohlbefinden und Schönheit. Die erste Adresse im Zillertal ist für all diese Bedürfnisse die „St. Pankraz Apotheke" in Fügen.

Hier nimmt man sich Zeit, hört zu und berät informativ, persönlich und kompetent, und das auch auf Englisch und Französisch. Familie Gehwolf versteht sich mit ihrem Team als moderner Gesundheitsbetrieb und ist für jede Frage, die Vorsorge und Gesundheit betrifft, der richtige Ansprechpartner. Als erste Apotheke im Zillertal ist es Familie Gehwolf ein Anliegen, dass sich jeder einzelne Kunde gut beraten fühlt, zufrieden wieder nach Hause geht und dass jeder noch so kleine Wunsch bestmöglich erfüllt wird.
Neben der Medikamentenausgabe auf Rezept informiert das Team um Apotheker Gehwolf die Kunden über jedes Arzneimittel, dessen Wirkung, Dosierung und Anwendung und weist auf eventuelle Neben- oder Wechselwirkungen hin – so kann man sicher sein, das beste Medikament ausgehändigt zu bekommen. Ein besonderes Angebot

zur Gesundheitsvorsorge ist auch die Messung des Blutdrucks, Blutzuckers und des Cholesterinspiegels. Wer eine Reise in ferne Länder plant, kann sich hier eine Reiseapotheke zusammenstellen lassen und Informationen über nötige Impfungen einholen.

Auch homöopathische Medizin, Schüssler-Salze, Bachblüten und eine Fülle an speziellen Teemischungen sowie hauseigene Salben sind in der St. Pankraz Apotheke erhältlich. Entzugswillige Raucher erfahren wertvolle Tipps zur Rauchentwöhnung. Ein weiterer Schwerpunkt ist die Ernährungsberatung: In der heutigen Zeit sind Gewichtsprobleme an der Tagesordnung. Die Industrie hält dagegen unzählige Nahrungsergänzungsmittel und Medikamente bereit, die für den Laien kaum noch überschaubar sind. Auch hier kennt sich das Team der St. Pankraz Apotheke bestens aus. Hilfreiche Ergänzung zu einem gesunden Körpergefühl stellt dabei der „Wellness Coach" der St. Pankraz Apotheke dar, der mit einem maßgeschneiderten, persönlichen Trainingsprogramm und gezielter Beratung zur Seite steht.

Die Kosmetikabteilung der St. Pankraz Apotheke obliegt Frau Brigitte Gehwolf. Sie und ihr Team beraten die Kunden mit großem Wissen und Begeisterung in Sachen Schönheit für Haut und Haar, wobei haut- und farbspezifische Beratung im Vordergrund steht. Dabei kann man aus den Produkten der exklusivsten Kosmetikmarken, wie zum Beispiel Juvena, L'Occitane, Lierac, Galenic-Avène, Roc oder La Roche Posay, wählen. Soll es ein neuer Duft sein, ob sportlich oder elegant, wird man auch hier typgerecht inspiriert. Auf Voranmeldung werden individuelle Schönheitsanwendungen, Gesichts- und Dekolleté-Massagen in einem Wohlfühlraum mit besonderer Atmosphäre angeboten.

Der Metzgerwirt

Der Metzgerwirt
Familie Hannes Hell

Dorfstraße 6
A-6271 Uderns

Telefon 00 43 (0) 52 88 / 6 25 59
Telefax 00 43 (0) 52 88 / 6 25 594
www.metzgerwirt.at

Wenn Genießer und Feinschmecker das Zillertal besuchen möchten, so sollten sie das tunlichst nicht montags oder dienstags planen, denn dann ist der „Metzgerwirt" geschlossen, und es wäre schade, nicht bei Hannes und Alexandra Hell einzukehren: man hätte einfach etwas verpasst!

Das schöne Wirtshaus besteht schon seit dem Jahr 1763 und ist seit über 100 Jahren im Besitz der Familie Hell. Hannes' Vorfahr Bartholomä war zu jener Zeit Viehhändler und lieferte vom Zillertal Rinder und Schafe bis an den russischen Zarenhof. Schon damals wusste man das gute Fleisch aus dem Tal zu schätzen. So ist es kein Wunder, dass Stanislaus Hell Ende des 19. Jahrhunderts neben der Landwirtschaft auch eine kleine Metzgerei betrieb und dem Gasthaus den Namen „Metzgerwirt"

gab. Hannes' Großvater baute das Dorfwirtshaus weiter aus zu einer Gaststätte für Einheimische und Gäste.

Die Metzgerei besteht bis heute und bezieht ihre ausgezeichnete Ware ausschließlich aus der Region. Regionalität, Saisonalität und Qualität sind die obersten Gebote des jungen, sympathischen Hausherrn Hannes, der das Restaurant zusammen mit seiner Frau Alexandra, ausgebildete Diplom-Sommelière, führt. Althergebrachte Rezepturen, gepaart mit ungebremster Kreativität und Gespür für ästhetische Harmonie auf dem Teller, sind die Garanten für grenzenlosen Genuss beim Metzgerwirt. Hannes kann dazu auf Lehrjahre bei Berühmtheiten seiner Zunft zu Recht stolz sein, zum Beispiel bei den Brüdern Pourcel in Montpellier und bei Hans Haas im Restaurant Tantris in München. Dass er seinen Weg konsequent und in die richtige Richtung geführt hat, beweisen nicht nur die zahlreichen Gäste von nah und fern, sondern auch unzählige Auszeichnungen, zum Beispiel der Titel „bester Tiroler Weinwirt 2005", und die Tatsache, dass er mit einer Haube und 14 Gault-Millau-Punkten zu den besten Köchen Österreichs zählt. Seine Auslandsaufenthalte und Reisen tragen natürlich auch zu einer ständigen Weiterentwicklung als Koch bei und lassen die verschiedensten Stile in seinen Kochstil einfließen. So wird seine Küche auch für Stammgäste nie langweilig, es gibt immer etwas Neues – Klassiker und Ausgefallenes halten sich dabei perfekt die Waage.

Auf der wöchentlich wechselnden Karte lesen sich die traditionellen Gustostückerln dann so: Roastbeef auf geröstetem Schwarzbrot mit Kräuter-Senf-Dip, Spinatknödel mit Nussbutter, Zander mit Melone oder Pfifferling-Gulasch mit gebratenem Serviettenknödel. Auf Wunsch serviert der Metzgerwirt auch ein drei- oder viergängiges Menü, zum Beispiel als Vorspeise Rilette vom Kaninchen auf Senfbohnen, dann Bärlauchschaumsuppe, gefolgt von Zweierlei von der Zillertaler Forelle auf Krenmousse, Tafelspitz und Rücken vom Milchkalb. Zum Dessert verführt dann noch die karamellisierte Blätterteig-Apfel-Tarte – all diese Leckerbissen schmecken im lauschigen Gastgarten ebenso wie in den gemütlichen Stuben.

Holzdesign Christian Kofler

Holzdesign
Planung Fertigung Handel
Christian Kofler

Dorfstraße 18
A-6275 Stumm

Telefon 00 43 (0) 52 83 / 21 03 10
Telefax 00 43 (0) 52 83 / 21 03 15
www.holzdesign.cc

Ein neues Haus, eine neue Wohnung, Umbau, Renovierung oder nur ein „eyecatcher“ für das Wohnzimmer: Für alle Belange rund um die Einrichtung ist die Firma „Holzdesign“ der richtige Ansprechpartner, und zwar sowohl für Privatleute als auch in der Gastronomie oder Hotellerie, wo von der Planung über Stoffe, Dekoration und Licht alles aus einer Hand kommt.

Ob Küchen, Fenster, Türen, Böden oder Decken, die Firma Holzdesign ist der kompetente Partner, um Wohnqualität zu schaffen oder zu steigern. Das junge, moderne Unternehmen hat es sich zum Ziel gemacht, die Kundenwünsche zu erfüllen und eine Atmosphäre zu schaffen, in der man sich

nicht nur wohlfühlt, sondern in der die Wohnträume Wirklichkeit werden. Das Leben spielt sich schließlich größtenteils in geschlossenen Räumen ab, und das sind die „eigenen vier Wände", denen man seinen ganz persönlichen Stil geben möchte. Durch eine Tür betritt man sein Reich, die Eingangstür ist sozusagen die Visitenkarte des Hauses oder der Wohnung. Nach persönlichen Vorstellungen gestaltet Holzdesign Außen- und Innentüren, egal ob abgerundet oder eckig, mit Fenster oder Metalldetails. Auch Fenster sind Gestaltungselemente der Wohnräume. Form und Farbe prägen das Erscheinungsbild nach außen, im Innern bilden sie den Rahmen für die Landschaft „draußen", lassen Licht und Sonne ins Haus und sorgen wie Türen für Sicherheit. Auch auf Lärmschutz und Energie-Ersparnis muss beim Fensterkauf geachtet werden, deshalb verbaut Holzdesign nur Top-Fenster, die die Wärme drinnen und die Kälte draußen lassen.
Kommen wir zur Küche, die ja nicht nur eine funktionale „Werkstatt" sein soll, sondern immer öfter das Herzstück einer Wohnung darstellt, wo man gemütlich miteinander plaudern und dabei kochen kann. Die Firma Holzdesign plant diesen geselligen Raum nicht als Standardküche, die nirgends genau passt, sondern stellt alle Geräte an den optimalen Platz, komplettiert durch intelligent designte Möbelelemente, die die Küche zum Kochen, Leben und Wohnen braucht: Modernes Küchendesign verbindet Wohnkultur mit Technik. Auch die Bäder sind heutzutage keine unpersönlichen Nasszellen mehr, sondern Oasen der Sinne und fast kleine Wellnessbereiche. Ein Bad, das nicht aus der Retorte stammt, wird von der Firma Holzdesign nach ganz persönlichen Vorlieben gestaltet, seien es die Materialien, die Farben oder die Formen. Im Vordergrund steht der Kundenwunsch und seine Persönlichkeit, die sich in allen Wohnräumen widerspiegeln soll – dazu gehören natürlich auch einzelne Möbelstücke wie Sofas, Sessel oder Sitzgruppen, die ebenfalls ganz nach Wunsch modern, rustikal oder klassisch ausgeführt werden. Christian Kofler kümmert sich auch um Details wie Öfen, Fliesen, Verkleidungen, Stoffe oder Beleuchtung: Wer sich in die Hände des eingespielten Teams begibt, kann sicher sein, dass alle Materialen miteinander harmonieren und für lange Jahre Freude bereiten.

Ferienhotel Sonnenhof

Ferienhotel Sonnenhof
Familie Johann Wildauer

Rohrerstaße 47
A-6280 Zell am Ziller

Telefon 00 43 (0) 52 82 / 71 25
Telefax 00 43 (0) 52 82 / 71 76 55
www.ferienhotel-sonnenhof.com

Um alle landschaftlichen Schönheiten des Zillertals genießen zu können, braucht es eine Unterkunft, die alles bietet, was es für rundum gelungene Ferientage braucht, nämlich eine perfekte Lage, familiäre Atmosphäre, in der sich Groß und Klein wohlfühlen, ein breit gefächertes Freizeitangebot, behagliche Zimmer und kulinarische Leckerbissen. All dies und noch viel mehr findet man im Ferienhotel Sonnenhof.

Hier ist der Name Programm, „sonniger" kann es wohl nirgendwo sein. Da ist zum Ersten natürlich die konkurrenzlose Lage nur wenige Schritte von den Aufstiegsanlagen der Zillertal Arena entfernt, dem größten Ski- und Wandergebiet des Zillertals. Wo auch immer man sich im Hotel befindet, ob in den komfortablen Zimmern, den gemütlichen Aufenthaltsräumen oder im weitläufigen Garten: Der Blick auf die herrliche Berglandschaft ist sogar im Hallenbad „inklusive".

Kein Ort dürfte geeigneter sein, sich von morgens bis abends in der Natur aufzuhalten und die Annehmlichkeiten des Hotels auszukosten. Im Sommer gilt es, die unzähligen Wanderwege zu erkunden oder sich auf eine Bergtour zu machen. 300 Kilometer Radwege und Mountainbike-Strecken gehören dazu, Paragleiter-Flüge, Rafting, Canyoning, ein Nordic-Walking-Trail oder auch die vielen Sehenswürdigkeiten im Zillertal und Inntal. Oder wie wäre es mit einer geführten Biketour mit Markus oder einer Pirsch mit Wildbeobachtung? Der Winter findet ebenfalls quasi vor der Haustür statt: Während andere noch mit der Parkplatzsuche beschäftigt sind, heißt es für die Gäste des Sonnenhofs schon Schneespaß satt, ob auf zwei Brettern oder auf einem: 170 Kilometer Pisten, 50 Kilometer Langlaufloipen, Rodelbahn, Eislaufen, die längste, sieben Kilometer lange, beleuchtete Rodelbahn des Zillertals, Winterwanderwege

oder Pferdeschlittenfahrten. Kinder werden von der Skischule abgeholt, was sicher auch die Eltern freut. Ein besonderer Service für jedes Zimmer ist das Ski-Depotfach im Keller, wo Skier und Stiefel sicher aufbewahrt werden können.
Nach einem aktiven Tag an der frischen Luft heißt es dann entspannen und regenerieren in der Bade- und Saunawelt mit Panorama-Hallenbad, Kinderbecken, Whirlpool, Saunas, Solarium, Ruheraum-Wintergarten und Fitness-Center. Außerdem bietet der Sonnenhof ein umfangreiches Kosmetik- und Massageprogramm an. Für Kinder und Teenies stehen der Spielplatz mit Schaukeln, Tretfahrzeugen, Rutsche, Sandhaufen, Trampolin, Streichelzoo und das Kinderspielzimmer zur Verfügung. Ab Herbst 2010 ist der neue Erlebnis-Schaustall die Attraktion für die Gäste des Sonnenhofes.
Im Urlaub möchte man aber nicht nur viel Spaß haben, sondern auch etwas Gutes essen, und in dieser Hinsicht hat man es am Sonnenhof wieder prächtig getroffen: Gesund und schmackhaft ist die Küche, bereichert durch die Produkte aus der eigenen Landwirtschaft und der eigenen Jagd; vom reichhaltigen Genießerfrühstück bis zum Vier-Gang-Menü am Abend bleibt kein Wunsch unerfüllt.

Von Strass bis zur Zillertal Arena

In der Nähe von Jenbach beginnt das Zillertal, ein weites, ebenes Tal, das bis Mayrhofen so gut wie keine Steigung aufweist und somit vor allem im Winter problemlose Anfahrten ermöglicht. Der erste Ort ist Strass. Er nennt sich selbst „Rad- und Familiendorf", was ja schon für sich spricht. Ideal die Lage am Taleingang, zwei Kilometer von der Autobahnausfahrt entfernt. Von Strass aus ist es ein Katzensprung ins Inntal und zum Achensee, und in nur 20 Autominuten erreicht man die Tiroler Landeshauptstadt Innsbruck. Strass stellt einen zentralen Ausgangspunkt für jegliche Unternehmungen dar, ob sie nun kultureller oder sportlicher Art sind oder einfach nur zur Erholung dienen.

Quasi ein Heimspiel liefert der Winter in der Gegend um Fügen. Hier liegt das Urlaubsparadies mit den Wintersportorten Fügen/Hochfügen und Kaltenbach. Dazu gehören insgesamt zwölf Orte, die allen Ansprüchen ihrer internationalen Gäste gerecht werden. Man kann es ruhig und beschaulich haben, aber auch quirlig und pulsierend. Skifahrer und Snowboarder gleiten traumhafte Hänge oberhalb der Waldgrenze hinunter, alternativ kann man romantische Winterwanderungen mit Schneeschuhen unternehmen, rodeln oder eislaufen. Auch Kinder sind hier gut aufgehoben. In der Kinderskischule lernen sie von klein auf, wie man auf einem oder auf zwei Brettern den größten Spaß hat. Drei Kindergärten kümmern sich um die „Zwergerl" bis sieben Jahre.

Fügen ist der bekannteste Ort in diesem Teil des Zillertals. Besonders in der warmen Jahreszeit bringt ein kultureller Spaziergang nicht nur Erholung, sondern zeigt den Besuchern das Dorf und die nähere Umgebung im Blickwinkel der Kultur. Gegenüber dem Gemeindehaus steht ein schönes Holzhaus, das Winklerhaus, früher auch „Adamer" genannt. Erbaut wurde es um 1570 als „Söllhaus" (Knappenhaus). Der Stollenberghof aus dem Jahr 1580 wurde vorbildlich restauriert und beherbergt nun das Standesamt sowie die Galerie der örtlichen Kulturinitiative mit wechselnden Ausstellungen der Bilder und Werke ihrer Mitglieder. Dieses Juwel steht natürlich unter Denkmalschutz, nicht nur wegen seines Alters und der Gewölbekeller, sondern auch aufgrund der Tatsache, dass es sich um eine der drei noch erhaltenen Talburgen Tirols handelt. Stattliche Bauerngehöfte säumen den Weg zum Plenggenbach, einer davon ist der Erbhof „Tuschen", 1305 in Holzfachwerk erbaut. Auch das kleine, fast zur Gänze aus Holz errichtete „Zinghäusl" aus dem 15. Jahrhundert fällt ins Auge. Es handelt sich wieder um ein Söll- beziehungsweise Knappenhaus und steht ebenfalls unter Denkmalschutz. Die Bewohner dieser Häuschen, von denen es Anfang des 17. Jahrhunderts 37 gab, besaßen zwar keinen Grund und Boden, hatten aber das Anrecht auf eine Weide und ein Stück Wald, um sich und ihre Tiere ernähren zu können. Zu diesen Knappenhäuschen gehört auch das oberhalb Fügens am Waldrand gelegene, ursprünglich erhaltene „Hastad-Häusl". Der nächtens beleuchtete Panoramaweg mündet in den alten Wallfahrerweg und führt zur Marienbergkirche, die im Jahr 1721 im barocken Stil einer Rundkirche vollendet wurde – eine Stiftung des Johann Michael Fieger, Besitzer des Eisenhammerwerkes Kleinboden und Mitglied der Bruderschaft der Fügener Bergknappen.

Wer sich auf eine historische Zeitreise ins Zillertal begeben möchte, wird im Fügener Heimatmuseum mehr als fündig. Zahlreiche Exponate von Volkskultur und Brauchtum geben Einblick in die Vergangenheit. Ausgestellt sind neben urgeschichtlichen Fundstücken bäuerliche Geräte aus Wald- und Feldwirtschaft, Hutmacherei, Wagnerei, Weberei und Brennerei, Darstellungen der Geschichte der Feuerwehr und der Schützenkompanie und des Tux-Zillertaler Rindes. Im Untergeschoss ist die Abteilung „600 Jahre Bergbaugeschichte" untergebracht.

Besonders wird hier Leben und Werk des Orgelbauers Karl Mauracher berücksichtigt, der das Lied „Stille Nacht, heilige Nacht" nach Fügen brachte und es dem Kirchenchor lehrte. Seine Grabtafel befindet sich an der westseitigen Friedhofsmauer des Fügener Friedhofs.

Beim Dörfchen Hart lädt der Naturerlebnisweg die Besucher zu bewusstem Erleben, zum Hören,

Fügen

Schloss Stumm

Riechen und Fühlen. Die Geräusche des Waldes, die Stimmen der Vögel, die Düfte der Blüten, des Waldbodens, des Harzes oder modrigen Laubes – all das ist hier an 15 Erlebnisstationen mit Schautafeln erfahrbar. Der Lebensraum Wald und seine Bewohner stellen sich authentisch vor. Zwei miteinander verbundene Rundwege von zwei und zweieinhalb Kilometern bringen den Urlaubern die Natur nahe. Auch ein Vogellehrpfad, der auf derselben Strecke wie der Naturlehrpfad angelegt ist, bietet einen interessanten Einblick. Danach ist es „kinderleicht", einheimische Vögel zu erkennen und zu bestimmen – immerhin 44 Vogelarten gilt es hier zu entdecken. Aus nächster Nähe Vögel beobachten, das kann man am Ausgangspunkt des Naturerlebnisweges in der „Zillertaler Vogelwelt", wo auf einer Fläche von 250 Quadratmetern etliche heimische Vogelarten in großen Volieren und einer begehbaren Freiflughalle Groß und Klein aus nächster Nähe faszinieren.

Eine kleine Pause gefällig? Da bietet sich der Harter Schleierwasserfall an, mit 91 Metern der höchste des Zillertals.

Stumm im Zillertal hat laut einhelliger Meinung vieler Reisender den schönsten Dorfplatz Tirols. Das Dorf strahlt wirklich idyllische Postkartenatmosphäre aus, mit urigen Gasthäusern rund um das Ensemble von Kirche, Schloss und Dorfbrunnen. Die spätgotische Pfarrkirche zum Heiligen Rupert aus dem Jahr 1511 erfuhr 1772 eine Erweiterung und Barockisierung im Inneren. Das wunderschöne Schloss Stumm wurde um 1550 im Stil der Tiroler Edelsitze erbaut und ist leider nur von außen zu besichtigen.

Zell am Ziller, das Gerlostal und die Zillertal Arena

Zell am Ziller war neben Fügen früher der Hauptort des Zillertals und ist heute noch wirtschaftliches und schulisches Zentrum des Zillertals, hier befinden sich beispielsweise die Zillertaler Tourismusschulen, in denen die Aspiranten für das Hotel- und Gastronomiegewerbe ausgebildet werden. Attraktion ist das jährlich Anfang Mai stattfindende größte Volksfest Tirols, das „Gauderfest", wenn der „Gauderbock" ausgeschenkt wird. Dieses süffige Bockbier wird extra für das Fest gebraut und schmeckt vorzüglich, während Musikkapellen, Trachtengruppen und festliche geschmückte Wagen durch den Ort ziehen.

Kirche Maria Rast in Hainzenberg

Almabtriebsfest in Gerlos

Zell am Ziller

Bei Zell am Ziller zweigt das Gerlostal in Richtung Osten ab, es erstreckt sich über mehrere Weiler entlang der Straße zum Gerlospass, wo das Salzburger Land beginnt. Das Örtchen Gerlos selbst inmitten der Zillertal Arena hält sommers wie winters etliche Möglichkeiten bereit, seinen Urlaub zu genießen. Der Mittelpunkt des Gerlostals hat für jedes Alter und jeden Geschmack das passende Angebot. Besonders im Winter steppt hier der Bär. Der Traumtag eines jeden Ski- und Schneefans sieht so aus: vormittags die Pisten und Loipen unsicher machen und dann mit dem letzten Einkehrschwung bei einer der beliebten Après-Ski-Hütten mit Musik oder in einem gemütlichen Beisl den Tag ausklingen lassen.

Die Zillertal Arena ist das größte und modernste Skigebiet im Tal. 166 Pistenkilometer, davon zehn Kilometer schwarz, 114 rot und 42 blau, werden täglich tiptop präpariert. 51 Liftanlagen bringen 76 000 Personen stündlich in luftige Höhen, eine Höhenloipe auf 1 600 Metern sorgt für Langlaufspaß. Damit zwischen dem Skifahren, Snowboarden oder Langlaufen auch keine Langeweile und

Gerlos

schon gar kein Hunger oder Durst aufkommt, laden 30 Hütten, Schneebars und Restaurants zur zünftigen Einkehr, viele auch Open Air. – In der Zillertal Arena ist der siebte Himmel für Schneeliebhaber keine Illusion, sondern Wirklichkeit.
Für Familien, die sich abseits vom Trubel wohlfühlen, eignet sich das Skigebiet Gerlosstein. Die Gerlosstein-Tandempendelbahn bringt die Urlauber von Hainzenberg direkt ins Skigebiet. Hier befindet sich auch die Rodelbahn Gerlosstein, die längste im Zillertal. Der Startpunkt liegt in 1 650 Metern Höhe, und dann geht es beschaulich oder mit Vollgas sieben Kilometer hinunter, auch beleuchtet bis ein Uhr nachts.
Eine Attraktion der nostalgischen Art ist die Fahrt mit der Schmalspurbahn, die noch aus der Zeit stammt, als Eisenbahnfahren ein besonderes Erlebnis des Reisens war. Neben den modernen Waggons, die die einheimischen Pendler als wichtiges Nahverkehrsmittel befördert, steht Touristen die „kleine Hobbylok" zur Verfügung. Jeden Freitag von Juni bis September werden hier gestandene Familienväter wieder zu Lokführern und können sich vielleicht einen Kindheitstraum erfüllen – wer wollte als kleiner Junge nicht einmal Lokführer werden? Unter Aufsicht eines erfahrenen Lokomotivführers ist ein Laie als Heizer und Lokführer tätig. Wer glaubt, dies sei ein Kinderspiel, wird hier wahrscheinlich eines Besseren belehrt. In zwei kleinen Waggons erleben mitfahrende Gäste ein „rasantes" Tempo von 20 Kilometern pro Stunde, während der Hobbylokführer schwitzend und staunend über Funk dirigierte Kreuzungen und Haltestellen beachten muss.

Hotel Schönruh

Hotel Schönruh
Familie Krupik

Innertal 285
A-6281 Gerlos

Telefon 00 43 (0) 52 84 / 53 68
Telefax 00 43 (0) 52 84 / 5 53 77
www.schoenruh.com

Treffender kann der Name nicht ausdrücken, was den Urlauber an diesem wunderbaren Ort erwartet: Schönheit und Ruhe! Was vor über 30 Jahren als Garnihotel seinen Anfang nahm, ist heute ein stattliches Haus mit elegant-behaglicher Atmosphäre, die sich in allen Räumlichkeiten bemerkbar macht.

Herzliche Gastfreundschaft, gepaart mit Komfort und Qualität, und immer wieder kleine Überraschungen machen den Aufenthalt unvergesslich. Auf Unterhaltung mit Genuss wird großen Wert gelegt, man soll sich erholen, das aber mit Spaß, und beides ist im Hotel Schönruh auf das Angenehmste möglich – 85 Prozent der Gäste sind Stammgäste und bestätigen dies jedes Jahr aufs Neue. Die Lage: bestens – zentral und doch in himmlischer Ruhe; die Liftanlagen befinden sich 100 Meter entfernt, und der beschneite Weg endet erst wieder vor der Hoteltür, bequemer geht's nicht. Jeden Tag wird etwas anderes geboten, das fängt mit dem „Frühstück around the World" an,

und das bedeutet, jeder Morgen grüßt mit Spezialitäten aus einem anderen Land, mal italienisch, mal französisch oder amerikanisch, mal österreichisch.
Wer Lust hat, macht dann zum Beispiel eine „Gröstelwanderung“ mit einer zünftigen Tiroler Jause, oder man vergnügt sich ganz individuell. Wenn man mittags oder nachmittags von der Piste oder von einer Bergwanderung zurückkehrt, wird man mit einem Wellness-Snackbuffet mit hausgemachten Kuchen, Salaten und Aufstrichen erwartet. Abends steht dann ein feines Sechs-Gang-Gourmet-Dinner auf dem Plan. Die Kreativität und Kochkunst des Küchenteams sorgt bei jeder Mahlzeit für wahre Gaumenfreuden. Das kulinarische Spektrum reicht von traditionellen Gerichten aus der Region, Schmackhaftem aus leichter und vitaler Küche bis hin zu internationalen Spezialitäten und lässt somit sicher keine Wünsche mehr offen. Selbstverständlich gehören zum Abendessen Empfehlungen, vom Aperitif über die passenden Weine bis zum Digestif, dazu. Der Besuch des hauseigenen Weinkellers mit Verkostung ist ebenso Teil des Wochenprogramms wie Rodelabende, Fackelwanderungen oder Tanz-und Spieleabende.
Der Sommer steht im Hotel Schönruh ganz im Zeichen aktiver Erholung. Familie Krupik und ihr Team bieten ihren Gästen Fit- und Vitalprogramme für Jung und Alt. Sport und Action in den Zillertaler Bergen, das heißt Erlebnis bei Sonne oder Regen. Hausgäste genießen sechs Tage in der Woche kostenlos täglich drei geführte Wanderungen, Nordic Walking, Canyoning, Mountainbiketouren, einen Abendspaziergang mit

Kräutermeditation, Stretch & Relax oder Sonnenaufgangstouren – die atemberaubende Kulisse der Gerloser Bergwelt ist immer dabei. Spezielle Angebote wie Motorradtage oder die Cabriowoche sind besonders für Biker oder für die „Oben-ohne-Fahrer" eine Attraktion. Dabei kommen sie in den Genuss von Motorrad- oder Cabrio-Ausflügen zu den schönsten Plätzen in und um das Zillertal inklusive einer Erinnerungs-DVD für zu Hause. Ebenso findet auch für die 4x4-Freunde jährlich eine atemberaubende Offroad-Woche statt, bei der auch abseits der normalen Verkehrswege für Abenteuer und Spaß gesorgt wird. Der Familien-Herbst-Hit im Oktober verwöhnt Eltern und Kinder mit speziellem Kinderfrühstück, Familien-Fackelwanderungen, Kinder-Abenteuerprogramm, Tiroler Bauernbuffet mit Musik und Gala-Abend mit Acht-Gang-Candlelight-Dinner. Gemütliche Adventtage oder das AdventsSpecial lassen Stress und Hektik weit weg, dann versüßen herrlich duftende Weihnachtskekse und die weihnachtlich mit Liebe geschmückten großzügigen Aufenthaltsräume diese besondere Zeit.

Auch wer nur ein paar Tage ausspannen und das Panorama der Zillertaler Berge genießen möchte, kann sich vom Hotel Schönruh ein ganz individuelles Angebot erstellen lassen und sich auf eine herrliche Zeit freuen. Dazu gehören natürlich die heimeligen, komfortablen Zimmer und Suiten, alle mit Balkon und teilweise mit Kachelofen und getrenntem Wohnbereich. Etwas ganz Besonderes ist die Kaisersuite, die zusätzlich über Kamin, Sauna und eine 40 Quadratmeter große Panoramaterrasse mit XXL-Whirlpool verfügt.

Badespaß und Erholung bietet auch die Vitalwelt mit farbigen Lichteffekten und stimmungsvoller Atmosphäre. Das neue Hallenbad mit Sprudelbank sorgt für erlebnisreiche Badefreuden, verschiedene Saunas, die Infrarotkabine, der Ruhebereich und der Panoramaruheraum bieten an Winter- und Sommertagen den perfekten Rahmen zum Abschalten und Tagträumen. Wellness für Körper und Geist, das heißt hier auch Schönheitspflege mit Alpenpflanzen, zum Beispiel Vitalmassagen mit Johanniskraut oder Arnika, diverse Schönheits- und Gesundheitspackungen, Wellnessbäder oder La-Stone-Behandlungen. Und warum sollte man sich nicht einmal einen ganzen Verwöhntag gönnen mit Entspannung für den ganzen Körper? Im Hotel Schönruh ist auch dies möglich, ganz nach der Devise des Hauses, vier Sterne zu haben, aber die Annehmlichkeiten eines Fünf-Sterne-Hotels bieten zu können, nämlich die beste Betreuung für den Gast und von allem etwas mehr.

Restaurant Jägerstüberl

Restaurant Jägerstüberl
Familie Kammerlander

A-6281 Gerlos 217

Telefon 00 43 (0) 52 84 / 54 57
Telefax 00 43 (0) 52 84 / 54 574
www.jaegerstueberl.at
www.das-landhaus-gerlos.at

Gerlos: Urlaubsparadies zu jeder Jahreszeit, wo man sowohl beschaulich als auch aktiv oder unterhaltsam herrliche Tage und Wochen verbringen kann. Im Sommer bietet das breite grüne Tal unzählige Möglichkeiten zum Wandern, Bergsteigen, Klettern oder Mountainbiken.

Der Durlaßboden-Stausee mit seinen angenehmen 21 Grad Wassertemperatur lädt zum Baden, Segeln, Surfen, Tretboot fahren oder fischen, der Hochseilgarten ist etwas für Freunde des Nervenkitzels, Pferde stehen für Ausritte bereit, und Paragleiter genießen die Landschaft sommers wie winters aus der Vogelperspektive. Der Winter punktet mit absoluter Schneegarantie und

mit dem weitläufigen Skigebiet im Herzen der Zillertal Arena. 166 Pistenkilometer und 51 moderne Liftanlagen in 1300 bis 2500 Metern Höhe begeistern von Anfang Dezember bis Ostern Skifahrer und Snowboarder, die auf neu und bestens präparierten Skiwegen und Abfahrten rasant oder bequem wieder ins Tal zurückwedeln können.
Auch für Langlauf-Fans hält das Gerloser Schneeparadies jede Menge herrlich gespurter Loipen bereit. Und nach einer Wanderung oder nach dem Pisten- oder Loipenvergnügen? In Gerlos ist immer etwas los! Vom Osterfeuer über die Frühjahrskonzerte, Maskenball und Platzkonzert, bis Almabtrieb und Oktoberfest sind Spaß und Musik an der Tagesordnung.
Im Winter heißt es: Hinein ins Gerloser Après-Ski-Vergnügen. Die erste Wahl vom späten Vormittag bis in die Nacht ist hier das Jägerstüberl, wo sich Martin und Gitti Kammerlander stets persönlich und mit guter Laune um ihre Gäste kümmern. Das urige Holzhaus mitten in Gerlos ist der Treffpunkt für Einheimische und Gäste, egal ob man nur auf einen heißen Punsch, ein Bier oder ein Glas Wein vorbeischaut und sich mit anderen Gästen, neuen oder alten Freunden seine Urlaubsabenteuer austauscht oder ob man es sich am offenen Kamin gemütlich macht und sich das eine oder andere Schmankerl der Tiroler und der internationalen Küche schmecken lässt. Bei schönem Wetter sitzt es sich draußen ebenfalls bequem an Holztischen und -bänken. Für Gaudi ist so gut wie immer gesorgt, donnerstags und sonntags ist Live-Musik angesagt, und der Almabtrieb im September führt direkt am Jägerstüberl vorbei. Auch die „Schafschor" – also das Schafescheren – kann man sich aus nächster Nähe anschauen und dabei eine zünftige Mahlzeit genießen. Für den kleinen Hunger eignen sich Toasts, die Brettljause mit Kaminwurzen und Speck, die Grillwürstl oder eine herzhafte Zwiebel- oder Gulaschsuppe. Hauptspeisen sind zum Beispiel Schweinsspieße, Allerlei vom Grill, Putenschnitzel, Gamsbraten oder das Jägerpfandl. Und Süßmäuler erfreuen sich an verschiedenen hausgemachten Strudeln, am fluffigen Germknödel oder am Nusspalatschinken. Übrigens bietet Familie Kammerlander nur ein paar Schritte weiter auch gemütliche Unterkunft in ihrer Frühstückspension Landhaus mit beheiztem Freibad, Liegewiese, Sonnenterasse, Grillkamin und Mountainbikes zum Ausleihen.

Sport 2000 Engelbert

Sport 2000 Engelbert
Familie Gerald Dejaco

A-6281 Gerlos 174

Telefon 00 43 (0) 52 84 / 52 60
Telefax 00 43 (0) 52 84 / 52 60 18
www.sport2000engelbert.at

Von einem kleinen Schuhgeschäft zum Sportfachgeschäft mit mehreren Filialen ist es ein weiter Weg. Gerald Dejaco kann mit Sport 2000 Engelbert auf ein kontinuierlich gewachsenes Unternehmen mit Stolz zurück- und mit Zuversicht nach vorne blicken.

Seine Großeltern bauten 1935 ein kleines Blockhaus in Gerlos, das heute noch im westlichen Teil des jetzigen Gebäudes besteht. Hier verdiente Großvater Peter Dejaco als Schuhmachermeister und Spezialist für handgemachte Berg- und Skischuhe den Lebensunterhalt für seine Familie. Auch Geralds Vater Engelbert ergriff diesen Beruf und erweiterte mit seiner Frau Ursula 1969 den Betrieb um Sport- und Trachtenbekleidung. Nach mehreren Um- und Zubauten konnten dann 1974 auch Sportgeräte in das Sortiment aufgenommen werden. Gleichzeitig entstand der erste kleine Skiverleih, der heute noch ein wichtiges Standbein des Betriebes ist.

Seit 1997 ist das Geschäft in der Hand von Gerald Dejaco. Im Jahr 2000 konnte neben der Neugestaltung des Geschäftslokals im Ortszentrum von Gerlos auch eine Filiale im Hotel Kröller in Gerlos Gmünd eröffnet werden. Einen starken Auftritt vor Ort garantiert die Mitgliedschaft bei der Werbe- und Einkaufsgenossenschaft „Sport 2000".

Auf 450 Quadratmetern und zwei Etagen umfasst das Sortiment im Winter Skier, Snowboards, Skischuhe, Artikel für Bergsport und Sport-, Freizeit- und Trachtenbekleidung, selbstverständlich immer die besten Marken, wie Colmar, Vist oder Salomon. Im Sommer gibt es Fahrräder und Mountainbikes – auch im Verleih, Wanderbekleidung, Bike- und Running-

Ausstattung, Accessoires und Souvenirs. Neueste Technik ist vor allem bei der Winterausrüstung gefragt, denn Sicherheit wird auf den Pisten großgeschrieben. Sport 2000 Engelbert ist der erste TÜV-zertifizierte Skiverleih und als solcher nur bester Qualität verpflichtet. Zum Verleihangebot gehören unter anderem Carvingski, Skischuhe, Snowboards, Langlaufsets, Schlitten, Helme und Stöcke und Fun-Geräte wie Snowblades. Dank fachmännischer Beratung verlässt der Kunde das Geschäft mit perfekter, individueller Ausrüstung, die wirklich Spaß auf der Piste verspricht. Das fängt schon beim passenden Schuh an: Für die optimale Schuhanpassung sorgt ein neues Gerät, bei dem der Skischuh mechanisch und thermisch schnell und einfach gedehnt, geweitet und auf die individuelle Passform gebracht wird – dies funktioniert übrigens auch bei Trekking- und Wanderschuhen – der Schuhmachermeister befindet sich hier direkt vor Ort. Auch beim Service der Skier sorgt die Weltneuheit „Ultimate Grip" für besten Kantengriff. Die Servicefachleute von Sport 2000 Engelbert werden von modernsten Maschinen mit ausgefeilter Technik unterstützt, die Voraussetzung für ausgezeichnet gewartetes Material und somit ungetrübtes Pistenvergnügen. Das vielfältige Angebot und den individuellen Service von Sport 2000 Engelbert findet man seit 2006 auch in einer weiteren Filiale in Zell im Zillertal. Ungebremst und voller Ideen geht es in die Zukunft, und so soll schon im Dezember 2011 ein weiteres Geschäft in Gerlos eröffnet werden.

Rössl Alm

Rössl Alm
Elfriede und Josef Haberl

Gerlos 308
A-6281 Gerlos

Telefon 00 43 (0) 52 84 / 52 74
Mobil 00 43 (0) 6 64 / 1 47 50 00
www.roesslalm.at

Grüne Wiesen, Wälder und Berge bilden die traumhafte Kulisse der Rössl Alm, hoch über den Baumwipfeln von Gerlos. Hier ist man der Natur nicht nur nahe, hier ist man mittendrin: Die wunderschöne Alm mit großer Terrasse und einer wahrhaft grandiosen Aussicht ist ein ideales Ausflugsziel für Groß und Klein.

Über den Gerloser Wiesenweg kann man gemütlich in einer Stunde auf die Alm wandern oder mit der Isskogelbahn hinauffahren und dann etwa 30 Minuten heruntergehen. Ob Mountainbiken, Sonnenaufgangswanderungen oder einfach nur Relaxen auf der Sonnenterrasse: Unbeschwerte Urlaubstage sind auf der Rössl Alm garantiert.
Die Alm ist ein idealer Ausgangspunkt für verschiedene Wanderungen und Mountainbiketouren. Innerhalb weniger Wanderstunden sind zahlreiche Gipfel erreichbar. Im Winter führt die Skiabfahrt genau an der Rössl Alm vorbei und zweigt in die Talabfahrt zur Isskogelbahn mit der Abfahrt direkt ins Ortszentrum von Gerlos. Kinder sind hier bestens aufgehoben und können absolut gefahrlos spielen und toben, derweil sich die Eltern in aller Ruhe entspannen und erst mal einen Blick in die Speisekarte werfen.

Herzhaftes ist angesagt, die Wirtsleute Josef und Elfriede Haberl laden zu traditionellen Zillertaler und Tiroler Schmankerln ein. Als echter Geheimtipp gelten die Zillertaler Käserahmspätzle mit Röstzwiebeln, Tiroler Tris oder Spinatknödel auf herzhafter Käserahmsauce. Alles ist frisch und liebevoll gekocht und schmeckt auf der traumhaften Sonnenterrasse genauso gut wie drinnen in urgemütlicher Kaminatmosphäre. Zum Dessert empfiehlt die Rössl Alm den leckeren Alm-Kaiserschmarrn mit Apfelmus oder Zwetschkenröster, ein Stück der hausgemachten Kuchen oder Apfelstrudel mit Vanilleeis – im wahrsten Sinne der Versuchung verbindet die Rössl Alm hier süße Kunst mit eiskalter Leidenschaft.
Wer mag, kann sich nach all dem herzhaften Schlemmen die Beine auf dem „Rössl-Kneipp-Pfad" vertreten und die Natur mit allen Sinnen genießen. Über Stock und Stein begeben sich selbst die Kleinsten auf eine Entdeckungsreise und lernen Wasser, Feld und Wald neu kennen. Was das Besondere der Rössl Alm ausmacht, ist aber vor allem das ganze „Drumherum", nämlich Musik, Spaß und Events am laufenden Band, eine gelungene Kombination aus Qualität, Erlebnis und Tradition. Hier trifft Kulinarik auf Authentizität, und damit auch gute Laune und Stimmung aufkommen, haben sich Josef und Elfriede Haberl einiges ausgedacht. Jeden Donnerstag ist Hüttenabend mit Tanz und Schuhplattln – urig und g'sellig geht es dann zu mit den Gerloser Nachtschwärmern und den Lausbuben-Plattlern

oder dem Trachtenverein Almrausch Mils. Ein besonderes Event findet im September zum Almabtrieb statt, das „Huamfohrafest" beim Hottererhof, wenn das geschmückte Almvieh auf dem Rückweg in die heimatlichen Ställe hier vorbeigetrieben wird.
Ein Geheimtipp unter Feinschmeckern ist „Gourmet am Berg", eine Veranstaltung, die Tradition mit Neuem verbindet und jedes Gourmetherz höher schlagen lässt. Dort genießt man edelste Weine aus Österreich, schlemmt zur Musik von Hokuspokus und zum Abschluss darf es noch ein Stamperl von Edelbrand-Variationen des Stiegenhaushofs sein.
Freunde der Blasmusik kommen nach dem Motto „Blasmusik am Berg" auf der Rössl Alm ebenfalls auf ihre Kosten, wenn zum Beispiel bekannte Musiker wie Franz Posch, das Goldried Quintett, der Harte Kern oder die Hippacher Musikanten die Blasmusik am Berg neu definieren.
Nach dem Motto „Z'rugg zu die Wurzeln" lassen die Haberls passend dazu die echte, urige Tradition der Zillertaler Küche neu aufleben: Erdäpfelblattlang mit Sauerkraut, original Zillertaler Krapfen, „siaße Krapflang", Melchermuas und viele weitere Spezialitäten – hier wird im wahrsten Sinne des Wortes traditionell geschlemmt.

Haberl's Skibar

Haberl's Skibar

Zillertal Arena
A-6281 Gerlos

Telefon 00 43 (0) 52 84 / 52 74
www.apreski-gerlos.at

Was gibt es Schöneres, als nach einem super Skitag in entspannter und anregender Atmosphäre mit Freunden in einer der beliebtesten und trendigsten Après-Ski-Bars von Gerlos zu feiern? Hier in Haberl's Skibar direkt auf der Gerloser Skiwiese ist die urige Schirmbar der Treffpunkt für „110 Prozent fun in the sun", wie das Motto der Skibar lautet.
Während Skifahrer und Snowboarder mit ihrem letzten Einkehrschwung hier landen, können Fußgänger ebenso problemlos in wenigen Schritten von der Gerloser Hauptstraße die Skibar erreichen und in den urgemütlichen Almdudler-Liegen bei Kaffee und warmem Apfelstrudel oder dem sogenannten „best Glühwein in town" auf der riesigen Sonnenterrasse relaxen oder zu heißen Rhythmen oder zünftiger Volksmusik abtanzen, wenn es bei einem der unzähligen Live-Auftritte wieder einmal heißt: „Bühne frei für unsere Après-Ski-Stars."
Den Höhepunkt einer jeden Woche bildet die große Arena-Skishow von Michi's Skischule jeden Sonntag auf Haberl's Skiwiese. Tolle Lichteffekte, heiße Musik und ein abwechslungsreiches Programm versprechen unvergessliche Erlebnisse. Zuschauer können sich auf spannende Performances der Ski- und Snowboardlehrer freuen. Fackellauf und Fahnenformationen oder Nostalgie-Skifahrer sind nur einige wenige Höhepunkt der Skishow. Bei akrobatischen Sprüngen durch den Feuerring heißt es: „Augen zu und durch – ab in den Urlaub!"

Romantik-Natur-Hotel Grubachhof

Romantik-Natur-Hotel Grubachhof
Barbara und Hans Geisler

Innertal 324
A-6281 Gerlos

Telefon 00 43 (0) 62 84 / 83 94
Telefax 00 43 (0) 62 84 / 83 94 44
www.grubachhof.at

Der schönste Urlaub ist immer der, an den man in jeder Beziehung nur angenehme Erinnerungen hat. Es muss halt alles stimmen: die Umgebung, das Flair des Hauses, die Gastfreundschaft und natürlich das Essen. In all diesen Punkten ist der Grubachhof die beste Adresse für unbeschwerte und genussvolle Tage oder Wochen, sei es im Sommer oder im Winter.

Echte Lebensfreude kommt immer da auf, wo auch alles „echt" ist, das heißt, wo ein authentischer Lebensstil in natürlicher Umgebung gepflegt wird – und das ist hier der Fall.
Der Grubachhof besticht mit seiner schönen ruhigen Lage und mit einer Gastfreundschaft, die von Herzen kommt – und das schon in der fünften Generation! Vom 100 Jahre alten Bauernhof über eine Pension bis zum komfortablen Bio-Hotel war es ein langer Weg, aber einer, der sich gelohnt hat. Der größte Schritt geschah 2005 mit einem großzügigen Erweiterungsbau zum Hotel mit 60 Betten. Konsequent wurde überall auf baubiologisches Wohnen und auf ökologische Ganzheitlichkeit Wert gelegt, das beginnt bei den Möbeln aus unlackiertem Vollholz, das mit Bienenwachs

gepflegt wird. Die Wände sind mit Ökofarben auf Naturbasis gestrichen, eine zentrale Sauganlage verhindert Staubaufwirbelungen und macht die Zimmer allergikerfreundlich. Schon beim Betreten der Eingangshalle fühlt man sich willkommen und wie daheim, denn hier wird jeder Neuankömmling wie ein Freund in eine große Familie integriert. Barbara und Johann Geisler und ihr Team sorgen stets persönlich für alle ihre Gäste, das geht von Ausflugstipps bis zur selbst angesetzten Arnika-Tinktur für Muskelkater-Geplagte. Barbara und Hans setzen sich auch gerne zu ihren Gästen an den Tisch, wobei das Tiroler „Du" schnell über die Lippen kommt: keine gewollte Marketingstrategie, sondern Ausdruck der eigenen Lebensphilosophie, die sich als ständiges Geben und Nehmen versteht.

Urlauber können unter verschiedenen großzügig angelegten Zimmertypen wählen; 15 Themensuiten empfangen ihre Bewohner darüber hinaus mit einer ganz besonders liebevollen, eigenen Handschrift: Sie heißen zum Beispiel Kaminzauber-, Mondschein- oder Alm-Suite, in der das Bett einer Almhütte nachempfunden ist. Offene Kamine oder der Whirlpool im privaten Wintergarten lassen besondere Behaglichkeit aufkommen,

von der man sich nach einem aktiven Tag gerne bezaubern lässt. Im Sommer laden die Gastgeber zum Beispiel zu einem bunten, kostenlosen Bergaktivprogramm für Jung und Alt, dazu gehören Jogging- und Bikerwege, ein Fußballspielfeld, Tischtennis, Rafting, Wanderungen oder Bergtouren. Ausflüge in die nähere oder weitere Umgebung, wie zum Beispiel zum Stausee, zum Wasserfall, zu Burgen oder in andere Täler, lassen keine Langeweile aufkommen.
Im Winter befindet sich die Skischaukel in unmittelbarer Nähe des Grubachhofs, man braucht nur die Skier anzuschnallen und schon geht es von der Haustür direkt zur Liftstation, von wo aus Skifahrer und Snowboarder in die herrliche Zillertaler Schneewelt gelangen. Ebenfalls gleich schnell sind die Langlaufloipe und die Rodelbahn zu erreichen.
Nach Sport und Spaß empfiehlt sich eine erholsame Regeneration im Entspannungsbereich „Zillertaler Badl" mit Hallenbad, Biokräuter-

Sauna, Finnischer Sauna, Infrarotkabine und Partnerwiegeliegen. Fitnessgeräte, Solarium und Massagen stehen ebenfalls zur Verfügung. Unter dem Motto Kulinarik kann der Grubachhof seinen Gästen die Lebensmittel des eigenen Biobetriebes anbieten. „Bio" heißt für Familie Geisler Gesundheit aus der Region, ohne Geschmacksverstärker, aber mit Liebe zur Natur zubereitet. Dazu gehört auch, dass die Rinder des Biohofes nach den Mondphasen und direkt neben dem Stall stressfrei geschlachtet werden – das erhöht die Fleischqualität immens, wie der Hausherr als gelernter Koch und Fleischer weiß. Vom lukullischen Frühstücksbuffet mit Vollwertgebäck, Bio-Milchprodukten, hausgemachten Marmeladen und vor den Augen zubereiteten frischen Leckerbissen bis zum Verwöhnabendessen mit Wahlmenü, das immer auch eine vegetarische Variante bereithält, ist gesunder Genuss mit fantastischem Bergblick garantiert. Nach einem knackig-frischen Salat vom Buffet geht es zum Beispiel weiter mit einem mageren Tafelspitzsülzchen mit Kernöl und roten Zwiebeln und einer Kraftbrühe mit Einlage. Zum Hauptgang steht gebratenes Fischfilet auf Lauch-Velouté mit Dill-Erdäpfeln und geschmolzenen Tomaten oder gespickter Rinderbraten mit Rotweinsauce, Erdäpfelpüree und Brokkoli zur Wahl. Vegetarier greifen zu Gemüselasagne mit Tomatensauce und Parmesan, und den süßen Abschluss bildet das Tiramisu. Auf Wunsch wird ein luxuriöses Gala-Dinner zubereitet, das mit einem Cocktail beginnt und mit sechs verführerischen Gängen sowohl eine Augenweide als auch die reinste Gaumenfreude darstellt.

Der Grubachhof eignet sich übrigens hervorragend für Seminare, Betriebsausflüge oder Tagungen, bei denen die Arbeit mit einem abwechslungsreichen Rahmenprogramm kombiniert werden kann.

Mayrhofen – quirliges Zentrum des Zillertals

Eigentlich hört hier das Zillertal auf. – Das stimmt natürlich so nicht ganz, denn in Mayrhofen, 32 Kilometer südlich von Jenbach im Inntal, vereinen sich verschiedene „Gründe“, wie die Seitentäler hier genannt werden, nämlich der Zemmgrund, der Stillupgrund, der Zillergrund und das Tuxertal. Außerdem liegt in Mayrhofen die Endstation der Zillertalbahn. Grund genug, sich in dem reizenden Örtchen einmal umzusehen. Mayrhofen lädt zum Flanieren, Schauen und Shoppen ein – und natürlich zum Essen und Trinken! Ein Cappuccino mit einem ofenfrischen Apfelstrudel, eine zünftige Zillertaler Jause oder ein feines Abendessen mit heimischen Schmankerln oder internationalen Spezialitäten – alles ist möglich. Mayrhofen ist die flächenmäßig drittgrößte Gemeinde Tirols, sie liegt in 630 Metern Seehöhe und besteht aus mehreren Weilern. Zum Gemeindegebiet gehören der Ochsner (3 107 Meter), die Zsigmondyspitze (3 089 Meter), der Floitenturm (2 805 Meter) und der Große Löffler (3 379 Meter) an der italienischen Grenze, sie alle liegen in den Zillertaler Alpen.

In den Ortsteilen Dorf Haus und Brandberg gibt es noch alte Bauernhäuser zu bestaunen, ebenfalls sehenswert ist die „Rose von Jericho“, das Deckengemälde des berühmten Malers Max Weiler in der Mayrhofener Pfarrkirche. Der Waldfriedhof am Rand des Scheulingwaldes kann sich laut Österreichischem Gemeindebund als der „schönste Waldfriedhof Österreichs“ bezeichnen.

Mayrhofen

Talstation Penkenbahn

Strasserhäusl

Und noch ein bauliches Kleinod hat Mayrhofen beziehungsweise die Nachbargemeinde Hippach zu bieten: das Strasserhäusl, das wieder mit dem berühmtesten Weihnachtslied der Welt, „Stille Nacht, heilige Nacht“ verbunden ist, denn es dokumentiert das Leben der „Strasser-Kinder“, die dieses Lied in die Welt hinaus trugen und sich auf diese Weise ihren Lebensunterhalt verdienen wollten. Das uralte Haus mit seinen verwitterten, rauchgeschwärzten Balken und winzigen Fenstern ist über 300 Jahre lang unverändert geblieben. Immer noch beherbergt es in seinem Innern winzige Stuben mit Holzbänken und -stühlen, den Herrgottswinkel, die abgetretenen Holzdielen. Ganz genauso haben die Zillertaler Bauern gelebt, gekocht, gewirtschaftet. Alte Utensilien, wie Butterfassl, Kraxen, Dreschflegel und vieles mehr, legen Zeugnis ab von der harten Arbeit, aber auch vom Ausruhen nach dem Tagwerk.

Gondeln im Sonnenaufgang

Zahlreiche Hotels, Pensionen, Ferienwohnungen und Gästezimmer nebst ebenso zahlreichen Restaurants, Wirtshäusern und Cafés halten für die Urlauber nur das Beste bereit. Wer Spaß und Action mag, ist in Mayrhofen goldrichtig. Aber wer Ruhe sucht, der wird sie ebenfalls finden.

Sein ganz persönliches Sommer- oder Winterwunder erlebt hier garantiert jeder, dafür sorgen der Actionberg Penken und der Genießerberg Ahorn. Vom Sonnenanbeter bis zum Adrenalin-Junky, vom gemütlichen Tourengeher bis zum Pisten-Akrobat – beide Berge punkten im Winter mit allem, was das Herz begehrt. Auf dem Penken gibt es schwarze Abfahrten für Könner mit der „Harakiri" als Highlight, der steilsten präparierten Piste Österreichs, oder breite, sonnige Pisten für Anfänger und Genuss-Skifahrer. Etliche Hütten, Gasthäuser und Szenetreffs heißen durstige und hungrige Winterfans zu einer Pause willkommen. Die Schneesicherheit ist fast 100-prozentig und falls die weiße Pracht mal nicht vom Himmel fällt: 123 Schneekanonen, 35 Schneelanzen und 20 Pistengeräte präparieren die Abfahrten täglich perfekt.
Apropos Genießerberg Ahorn: Eine Fahrt mit der Ahornbahn ist gleich in mehrerer Hinsicht lohnend. Schon die Ausmaße der größten Seilbahn Österreichs lassen staunen. Die neun mal 4,6 Meter messenden Großraumgondeln wiegen zwölf Tonnen und befördern pro Stunde 1 200 Personen in sechseinhalb Minuten. 160 Personen finden gemütlich in den Gondeln Platz. Modernste Tech-

nik ohne komplizierte Architektur war bei der Planung wichtig. Für die harmonische Eingliederung in die umliegende Natur und das gelungene Konzept wurde die Ahornbahn 2007 mit dem Architekturpreis „best architects“ und dem Preis der österreichischen Zement- und Betonindustrie ausgezeichnet. Für technisch Interessierte gibt es jeden Dienstag um elf Uhr eine Seilbahnführung. Und Frühaufsteher sollten sich in den Sommermonaten unbedingt zu einer Sonnenaufgangstour mit der Seilbahn machen: Wenn sich die Sonne langsam hinter den schneebedeckten Dreitausendern hervorwagt, hat man von der Panoramaplattform einen unvergesslichen Blick auf dieses Naturschauspiel. Die mächtigen Zillertaler Zentralalpen, Mayrhofen, Hippach, Finkenberg und das Tuxertal liegen direkt vor Augen, grandiose Lichtspiele und eine faszinierende Stimmung lassen diese Tour zu einem einmaligen Erlebnis werden.
Und bei Schlechtwetter? Kurzerhand verwandelt sich die Ahornbahn dann in ein Café mit Bar und komfortablen Sitzgelegenheiten – das ist doch mal eine ganz neue Art, bei Kaffee und Kuchen durch die Bergwelt zu schweben.

Pfarrkirche Mayrhofen

Alpendomizil Neuhaus Hotel

Alpendomizil Neuhaus Hotel
Familie Josef Moigg

Am Marktplatz 202
A-6290 Mayrhofen

Telefon 00 43 (0) 52 85 / 67 03
Telefax 00 43 (0) 52 85 / 6 70 37 03
www.alpendomizil.at

Wo Kenner reisen und Genießer ausspannen, hat man es meistens mit einem Domizil zu tun, in dem Stil, Komfort und Kulinarik zu einem harmonischen Ganzen verschmelzen: Das Alpendomizil Hotel Neuhaus ist eine solche Adresse, in deren Ambiente sich die Herzlichkeit und der Stil der Gastgeber zeigen.

Für jeden Urlaubswunsch, für jeden Anspruch, für Groß und Klein hält das Hotel Neuhaus das Passende bereit. Alle Räumlichkeiten strahlen heiteren Charme aus, die Hotelhalle mit Wintergarten und Kachelofen, die verschiedenen, holzgetäfelten Tiroler Stuben, das elegante Restaurant, das urige Gewölbe des Weinkellers Neuhaus Nobile, das zu Weinverkostungen oder zum entspannenden Digestif nach dem Abendessen einlädt. Im Sommer erstrahlt der neu gestaltete, romantische Garten in seiner ganzen Pracht – ideal, um einen lauen Abend bei Live-Musik und einem bunten Cocktail ausklingen zu lassen.
Die Gastgeberfamilie Moigg und ihre Mitarbeiter verwöhnen ihre Gäste von früh bis spät und geben Tipps für eine abwechslungsreiche Freizeitgestaltung. Vom Frühling bis zum Herbst ist das Zillertal ein Wanderparadies mit unendlich vielen Möglichkeiten, die umliegende Berglandschaft zu erkunden. Hotel-Wanderführerin Christine begleitet die Gäste zu den schönsten Plätzen abseits touristischer Pfade. Nach der Rückkehr relaxt es sich wunderbar auf der Liegewiese, der Sonnenterrasse, im Freibad oder auf den Spazierwegen zum Seerosenteich. Winterträume werden im Zillertal zur Realität: Der Wintersport ist hier zu Hause, glitzernde, schneeverwehte und sonnige Hänge sorgen für puren Schneespaß – und wieder „daheim" im Hotel Neuhaus wartet die Wellness- und Beautyabteilung Kamillendörfl mit Hallenbad, Whirlpool, verschiedenen Saunas und

Stillupklamm-Kneippbach darauf, den ganzen Körper auf himmlische Weise zu entspannen und zu regenerieren. Wellnessbäder und pflegende Kosmetikanwendungen sorgen für ganzheitliches Wohlbefinden. Wohlbefinden kommt übrigens auch auf, wenn man sich bei sinnlicher Stimmungsmusik und Kerzenlicht auf kulinarische Gustostückerln einstimmt: je nach Saison frisch zubereitete Speisen, wie Traditionelles aus Tirol, Feines vom Grill, frische Forellen aus eigener Fischerei, Spezialitäten vom Wild und hinreißende Desserts aus der Pâtisserie.

Wer sich schließlich in seine „eigenen vier Wände" zurückzieht, kann sich auf stilvollen Wohnkomfort freuen. Alle Zimmer, Suiten und Appartements sind mit viel Liebe zum Detail und sehr heimelig eingerichtet und verfügen großteils über Balkon und Kachelofen.

Will man Entspannung übrigens mit Arbeit verknüpfen, so ist auch dafür im Hotel Neuhaus gesorgt: Zwei komplett eingerichtete Tagungsräume sind perfekte Locations für Seminare, Mitarbeiterschulungen oder Präsentationen, auf Wunsch auch kombinierbar mit Wellness, Wandern oder Skilaufen.

Bacher Spiel & Spaß

Bacher Spiel & Spaß
Rudolf Bacher

Hauptstraße 488
A-6290 Mayrhofen

Telefon 00 43 (0) 52 85 / 6 22 58
Telefax 00 43 (0) 52 85 / 6 22 584
www.rudibacher.at

Bacher Spiel & Spaß gehört zu den alteingesessenen Geschäften in Mayrhofen, mit einer langen Geschichte und Tradition, die mit den aus Südtirol gebürtigen Großeltern des heutigen Besitzers Rudolf Bacher begann – obwohl die älteste mündliche Überlieferung des Hauses bis ins frühe 18. Jahrhundert zurückreicht.

Emanuel Amor, Uhrmachermeister aus Brixen, zog im Jahr 1909 nach Mayrhofen und erwarb das Mühltalerhäusl an der Hauptstraße, 1912 kam Rudolf Bachers Mutter zur Welt. Zunächst bestritt Emanuel Amor mit seiner Frau seinen Lebensunterhalt mit dem Reparieren von Uhren. Das Haushaltswarengeschäft verdankt die Familie eigentlich dem örtlichen Pfarrer. Elektrisches Licht war die neueste technische Errungenschaft, aber es gab noch keine Elektrogeschäfte. Nachdem die Mayrhofener Pfarrer Krapf immer wieder um Glühlampen baten, wandte sich dieser an Emanuel Amor und regte ihn zum Verkauf solcher Lampen an. Dies war der Startschuss zum Handel „mit Waren aller Art“. Neben Glühlampen baute sich die Großmutter ihr Haushaltswarengeschäft aus, das nun schon seit fast 100 Jahren am selben Standort die Kundschaft mit allerlei Nützlichem versorgt. Spielzeug gab es damals nur um die Weihnachtszeit, zum Festtag der Heiligen Drei Könige war schon alles wieder weg.
1946 heirateten Rudolf Bachers Eltern, sie übernahmen das Geschäft und gründeten die „Eisen- und Haushaltsgerätehandlung Kaufhaus Flora Bacher“. Heute steht Rudolf als Chef im Spiel- und Haushaltswarengeschäft, in dem er von vier

fleißigen Damen unterstützt wird. Eine Zeitlang wechselte die Gewichtung zwischen Spiel- und Haushaltswaren – mal waren diese gefragter, mal jene. Zurzeit befindet sich der Spielwarenbereich zwar noch in der Entwicklung, ist jedoch klar auf der Überholspur. Die Auswahl für kleine und größere Kids ist immens, für Jungs gibt es alles im Erdgeschoss, Mädchen finden ihr Paradies im ersten Stock: unten Playmobil, Lego, Stofftiere, kleine und große Autos, oben Barbies, Babypuppen mit Zubehör und alles, woran kleine Damen ihre Freude haben. Dazu gesellen sich natürlich traditionelles Spielzeug aus Holz, Brettspiele, Puzzles, Basteleien, Musikinstrumente und vieles mehr. Während die Kinder in ihrem jeweiligen Wunderland stöbern, können sich ihre Eltern in der ebenfalls ebenerdigen Geschenkeabteilung umschauen oder im Untergeschoss die Haushaltswarenabteilung besuchen. „Man muss konkurrieren können, um mit den Großen der Branche mitzuhalten", sagt Rudolf Bacher und beobachtet dabei stets die Trends der Zeit, die immer wieder neu und anders ausfallen. Zu den Stärken seines Geschäfts gehört nicht nur die große Auswahl an Markenprodukten, sondern auch die kompetente Beratung, ständige Sonderaktionen, Ersatzteilservice und Umtauschgarantie. Für jeden soll etwas dabei sein, und so kann man bei allen Produkten auch zwischen „bestem Preis" oder „bester Qualität" wählen – fündig wird man bei Bacher Spiel & Spaß immer.

Zillertaler Schmuckeria

Zillertaler Schmuckeria
Dagmar und Thomas Fankhauser

Am Marktplatz 207
A-5290 Mayrhofen

Telefon 00 43 (0) 52 85 / 3 22 72
Telefax 00 43 (0) 52 85 / 6 39 31

Edelsteine, Gold, Silber, Perlen: Inbegriff für Luxus, Schönheit, Beständigkeit. Schmuckstücke sind Ausdruck der Liebe und Verbundenheit, des Dankes und der Treue und besitzen seit Urzeiten eine fast magische Anziehungskraft. Gold, Silber und Edelsteine mit ihrer glitzernden und glänzenden Optik sehen nicht nur schön aus, sondern fühlen sich auch schön an.

Die Schmuckeria im Zentrum von Mayrhofen ist schon rein äußerlich ein Schmuckstück, mit der fein gearbeiteten Giebelverkleidung und dem Blumenschmuck auf dem Balkon, dazu kündet eine gigantische Amethyst-Druse vor dem Eingang von den edlen Gustostückerln im Innern – Gustostückerl, die man zwar nicht essen, an denen man sich aber nicht satt sehen kann!

Seit 30 Jahren macht Familie Fankhauser Träume wahr. Viele Stammkunden sind seit genauso vielen Jahren immer wieder begeistert von Angebot, Service und von der angenehmen, großzügigen und eleganten Atmosphäre des Geschäfts. Die Kundschaft ist bunt gemischt, und es findet sich für jeden Geschmack – und auch für jeden Geldbeutel – etwas. Jüngere Leute suchen eher etwas Trendiges, Ausgefallenes und finden es in Form von modern gearbeitetem Stahl- oder Silberschmuck. Gediegener Goldschmuck, ganz pur oder mit Brillanten oder Edelsteinen, Perlen in allen Größen, Ringe, Armbänder und -reifen, Ketten, Ohrstecker … es gibt etwas für jeden Anlass. Obwohl es den ja eigentlich gar nicht braucht, denn

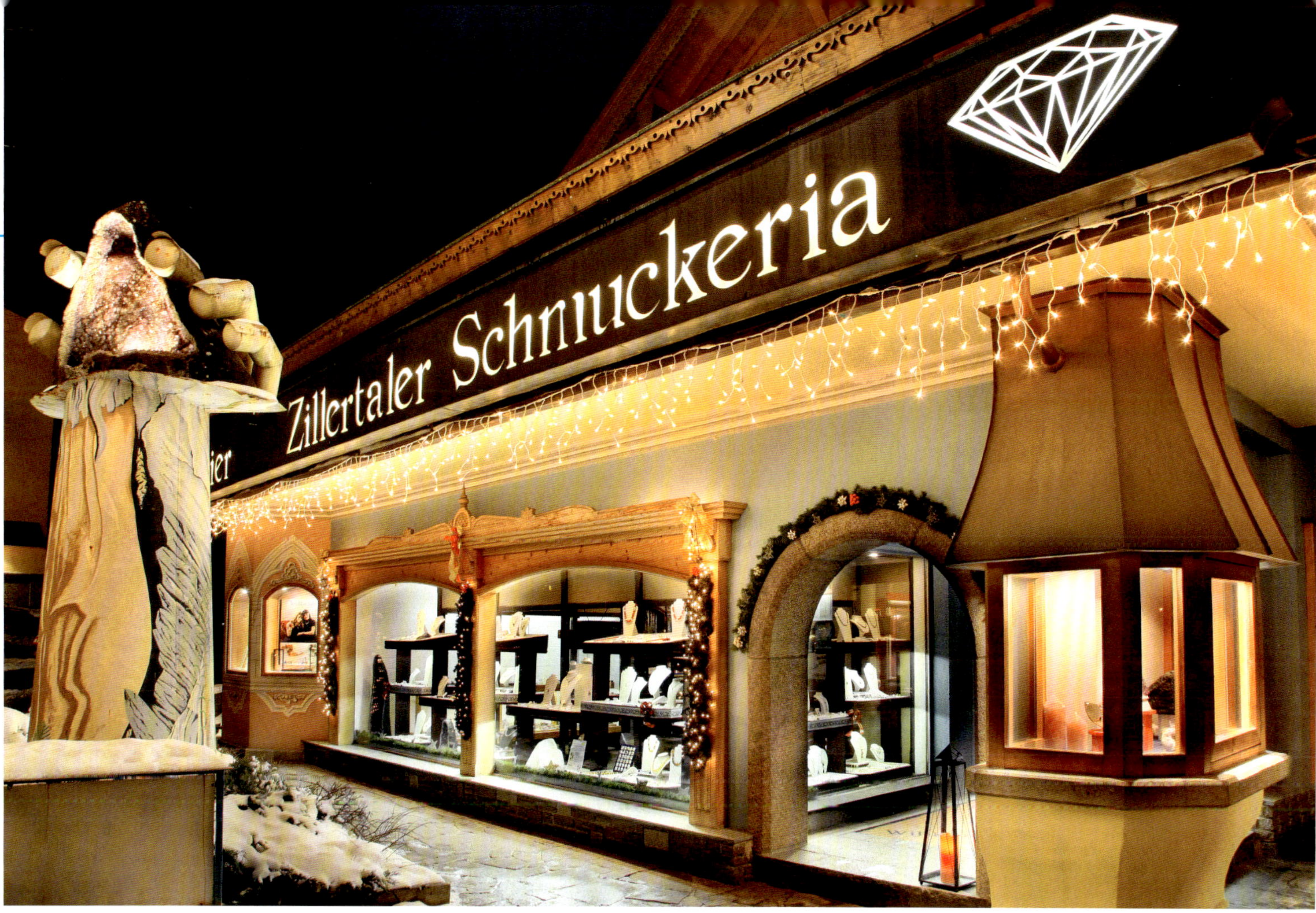

warum sollte man sich selbst nicht einmal etwas Gutes tun und sich ein kleines oder auch größeres Schmuckstück gönnen?

Der Erwerb eines Schmuckstücks ist immer etwas Besonderes, es soll dem Träger oder der Trägerin viele Jahre Freude bereiten, seine Persönlichkeit unterstreichen und den eigenen Stil und Geschmack zum Ausdruck bringen. Mode und Trends ändern sich ständig, Schmuck hingegen besitzt etwas Ewiges, wird weitervererbt und hat oft eine Geschichte zu erzählen, so wie der Bergkristall in einer der Vitrinen der Schmuckeria, den Herr Fankhauser senior in Pakistan fand, als er dort eineinhalb Wochen verschollen war. Als Bergführer hat er selbst viele Mineralien gesammelt. Zusammen mit dem – natürlich unverkäuflichen – Bergkristall nehmen die Mineralien deswegen auch einen großen Teil des Angebots ein: Halbedelsteine wie Rosenquarz, Tigerauge, Amethyst, Turmalin, Topas oder Achat bereichern mit ihrer Farbenpracht die Auslagen, als kleine oder größere Drusen, als filigrane Scheibe oder als gefertigtes Schmuckstück.

Dagmar, Bernhard und Thomas Fankhauser stehen stets mit gutem Rat zur Seite, falls der Kunde unschlüssig sein sollte. Wer einen ganz besonderen Wunsch hat und in der Auslage nicht fündig wird: Schmuckanfertigung mit handwerklichem Können und Fantasie oder Änderungen einer Preziose, Reparatur und Reinigung gehören ebenfalls zum Service der Schmuckeria.

Gästehaus & Ferienhäuser Martinus

Gästehaus & Ferienhäuser Martinus
Familie Wechselberger

Rauchenwald 663
A-6290 Mayrhofen

Telefon 00 43 (0) 52 85 / 6 33 84
Telefax 00 43 (0) 52 85 / 6 33 84
www.members.aon.at/martinus

Ein Domizil zu finden, das wirklich in jeder Hinsicht perfekte Urlaubsfreuden verspricht, ist nicht einfach. Wer sich in familiärer Atmosphäre wie zu Hause fühlen möchte, ist bei Familie Wechselberger im „Gästehaus Martinus" goldrichtig. Hier haben die Menschen Zeit, miteinander zu plaudern und zu lachen und: für ihre Gäste da zu sein.

Je schneller und lauter die Welt wird, umso mehr schätzen wir Oasen der Entspannung, Plätze, an denen wir neue Energie tanken und zu uns selbst finden können. Das Martinus in Mayrhofen im Zillertal ist eine solche Oase.
Das gediegene, an ein großes Bauernhaus mit blumengeschmückten Balkonen erinnernde Anwesen, strahlt Tiroler Gemütlichkeit aus und heißt seine Gäste mit einem an die Hausmauer gemalten Spruch willkommen: „Martinus teilt Mantel, brät Gansel, süaßt Wein – Wer solche Kunst übet, der tuat die Leut freu'n." Da ist etwas Wahres dran, denn das heimelige Ambiente aller Räumlichkeiten erfreut des Urlaubers Herz.
Schon die Eltern führten die Frühstückspension, und viele Stammgäste schätzen seither die familiäre Atmosphäre und herzliche Gastfreundschaft.

Und genau an diesem Punkt spiegelt sich der Leitgedanke der Gastgeber wider: „Etwas richtig gut machen kann man nur, wenn man voll und ganz dahintersteht."

Im Gästehaus Martinus kann man die schönsten Tage des Jahres in behaglich eingerichteten Zimmern oder in einer der Ferienwohnungen genießen. Außerdem stehen eine sonnige Terrasse, eine große Liegewiese zum Entspannen und Sonne tanken sowie ein Gartenhaus und genügend Parkplatz zur Verfügung. Wer seine Ferien ganz unabhängig verbringen möchte, kann sich eines der vier familienfreundlichen Blockhäuser gleich neben dem Haupthaus mieten. Sie sind mit einem Doppelzimmer, einem Zweibettzimmer, großem Wohnraum mit TV, Badezimmer und Küche ausgestattet und verfügen alle über eine überdachte Terrasse und Garten. Äußerst gemütlich eingerichtet mit allem, was man braucht, sind sie das ideale Domizil für Selbstversorger.

Kinder fühlen sich im Martinus immer besonders wohl. Ob sie nun die zahlreichen Spielmöglichkeiten in Anspruch nehmen oder sich auf der großen Wiese so richtig austoben – der Spaß steht immer an erster Stelle.

Nicht außer Acht zu lassen ist die ruhige, aber dennoch zentrale Lage des Hauses, die von den Gästen sehr geschätzt wird. Im Sommer wie im Winter ist für Erholung, Sport und Spaß in unmittelbarer Nähe bestens gesorgt.

Leo Wohnarchitektur

Leo Wohnarchitektur
Maria und Dietmar Leo

Dorfhaus 793
A-6290 Mayrhofen

Telefon 00 43 (0) 52 85 / 6 34 88
www.leo-wohnarchitektur.at

Die eigenen „vier Wände" – nicht nur Rückzugsgebiet und ein Ort zum Abschalten und Auftanken, sondern auch Ausdruck der Persönlichkeit und des individuellen Geschmacks. Es gibt sehr viele Stilrichtungen, und die Auswahl in den großen Möbelhäusern ist riesig und verführt zuweilen zu Fehlkäufen.

Welcher Stoff, welche Farbe, welches Holz? Erzeugt die gewählte Tischleuchte wirklich eine wohlige Atmosphäre? Viele Fragen und Entscheidungen kommen auf den bereits gestressten Einrichtungswilligen zu.

Wer sich bei der Einrichtung seiner Wohnung, seines Hauses oder auch nur eines Zimmers auf die Kompetenz von Profis verlässt, ist hier schnell entspannt und immer gut beraten.
Die Firma Leo Wohnarchitektur in Mayrhofen ist so ein Profi. Hier beraten Dietmar und Maria Leo ihre Kunden persönlich, mit großer Kompetenz und viel Herzblut. Die langjährig erfahrenen Einrichter betonen dabei, nicht Möbel in Räume zu stellen, sondern Lebensräume mit Seele schaffen zu wollen. In einer Welt, in der alle nur noch rennen, ist es besonders wichtig, in ein „entschleunigtes" Zuhause eintauchen zu können. Die Optimierung von Grundrisseinteilungen, Arbeitsabläufen bis hin zu wirkungsvollen Lichtsituationen stehen dabei im Vordergrund der Planungen. Das vielseitige Unternehmen gilt bereits als Geheimtipp und ist für seine ehrliche Freude am Einrichten bekannt. Man betritt den Showroom und fühlt sich auf Anhieb wie zu Hause – gemütlich-elegant sind die laufend wechselnden Einrichtungen. Immer ist etwas Besonderes dabei, ein schönes Dekorationsobjekt, ein besonders kuscheliges Sofa in einer Trendfarbe oder ein kompletter Wohnvorschlag, der Lust auf Mehr macht.
Von der Planung bis zum letzten Polster kommt bei Leo Wohnarchitektur alles aus einer Hand und wird mit viel Liebe zum Detail ausgeführt. Dazu

gebracht. Traditionelles mit Modernem zu verbinden, ist die „Lieblingsdisziplin" von Leo Wohnarchitektur. Als Spezialist für Revitalisierung von Altbeständen haben Dietmar und Maria Leo ein 120 Jahre altes Holzhaus als ihren Geschäftssitz zu neuem Leben erweckt. Die persönliche und umfassende Rundumbetreuung wird von langjährigen Kunden landauf, landab auch über die Grenzen hinaus sehr geschätzt und gerne weiterempfohlen.

gehört neben dem eigenen Handwerk auch die Koordination aller am Bau beteiligten Professionisten. Eine Anlaufstelle für alles erspart dem Kunden viel Stress, Zeit und letztendlich auch wertvolles Budget.
Zu den Komplettlösungen von Leo Wohnarchitektur gehört neben der Planung und Ausführung der gesamten Wohn- oder Geschäftsbereiche auch die Garten- und Terrassengestaltung sowie der gefühlvolle Einsatz ihrer Feng-Shui-Ausbildung. Mit viel Gespür für Stil und Ästhetik werden die Entwürfe als sehr persönliches Aquarell zu Papier

Sportclinic Zillertal

Sportclinic Zillertal

Stillupklamm 830
A-6290 Mayrhofen

Telefon 00 43 (0) 52 85 / 78 48 50
Telefax 00 43 (0) 52 85 / 78 48 599
www.sportclinic.at

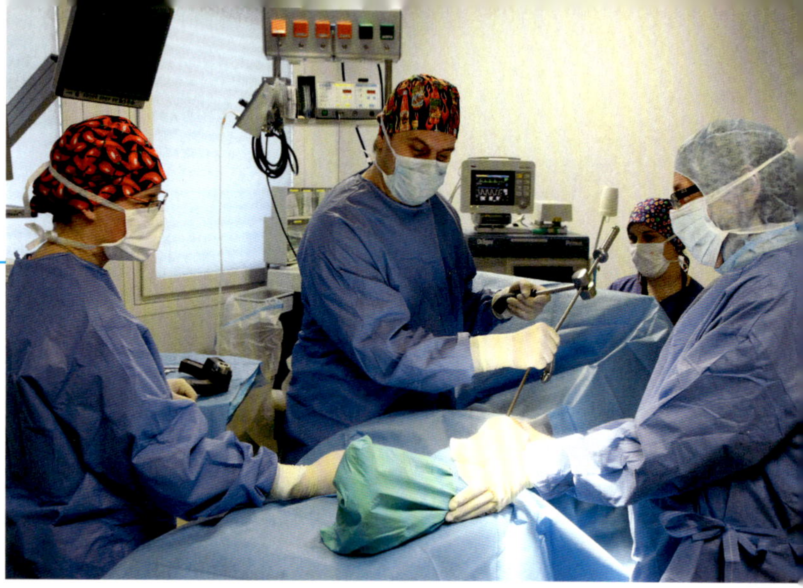

Ein Unfall im Urlaub: Jetzt ist schnelle Hilfe gefragt. Urlauber im Zillertal können sich in einem solchen Notfall auf die Sportclinic Zillertal verlassen. Zentral bei Mayrhofen gelegen, hat sich die private Krankenanstalt auf die Diagnose und Therapie von Sportunfallverletzungen sowie die Durchführung aller notwendigen unfallchirurgischen Eingriffe spezialisiert. Somit ist eine umfassende Versorgung bei Sportunfallverletzungen garantiert.

Das Klinikgebäude fällt durch seine moderne und lichte Architektur auf – sowohl außen als auch innen ist alles hell, freundlich und funktionell. Die modernste Ausstattung in Medizintechnik, Radiologie, unterstützt durch die Magnetresonanztomographie (MRT) sowie die Operationssäle und Narkoseeinheit erlauben

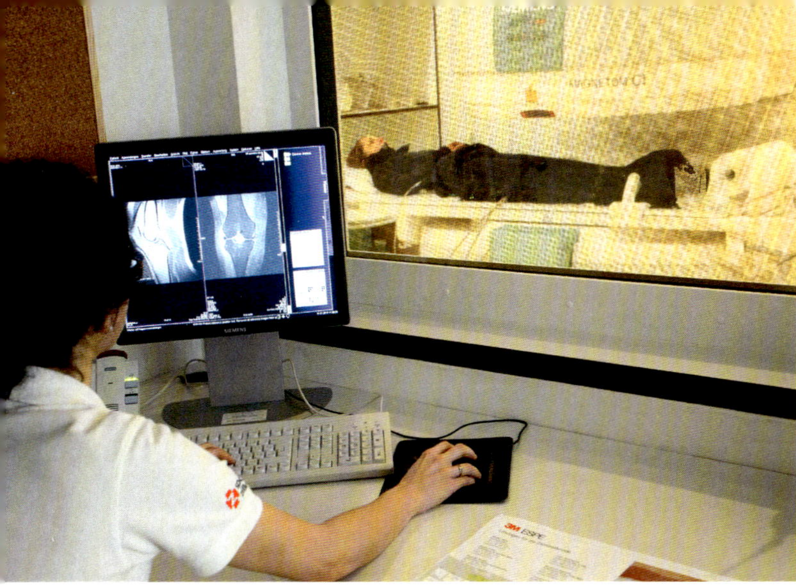

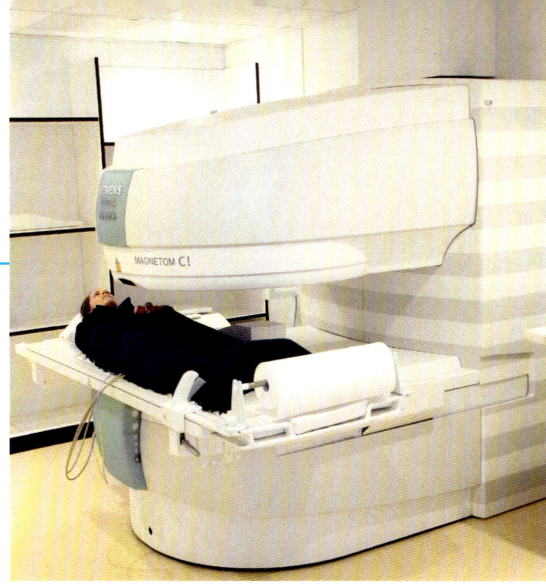

zeitgemäße, minimal invasive operative Versorgung eines Großteils der verunfallten Patienten am selben Tag.

Im Erdgeschoss befinden sich neben der Aufnahme die Ordinationen für Allgemeinmedizin, Unfallchirurgie, Radiologie, Plastische und Gefäßchirurgie und Anästhesie, außerdem die digitale Röntgeneinheit, Computertomographie und MRT (Kernspin). Das erste Obergeschoss beherbergt die tageschirurgische Bettenstation, die Aufwacheinheit sowie zwei Operationssäle mit modernstem technischen Standard. Die minimal invasiven Operationsmethoden erlauben ein rasches Verlassen der Sportclinic zurück ins Hotel. Die Nachbehandlung kann dann der niedergelassene Arzt im jeweiligen Skigebiet durchführen, sodass kurze und angenehme Nachversorgung gewährleistet werden kann und der Urlaub für die Familie meistens fortgesetzt wird.

Unter einem Dach können somit die verschiedensten Untersuchungen und Eingriffe von qualifiziertem Ärzte- und Pflegepersonal durchgeführt werden. Fachärzte der folgenden Sparten stehen rund um die Uhr zur Verfügung: Allgemeinmedizin, Unfallmedizin, Radiologie und Plastische und Gefäßchirurgie. Mit diesen in der Klinik ansässigen Ordinationen werden enge Kooperationsformen angeboten, wie zum Beispiel die medizinische Leistungsdiagnostik mit Ergo-Spirometrie, eine trainingswissenschaftliche Beratung, sportmedizinische Bewegungsberatung bei verschiedenen Erkrankungen und Vital-Check-Up mit individuellem Trainingsplan.

Neu in der Sportclinic Zillertal ist die kosmetische und plastische Chirurgie mit Body Contouring,

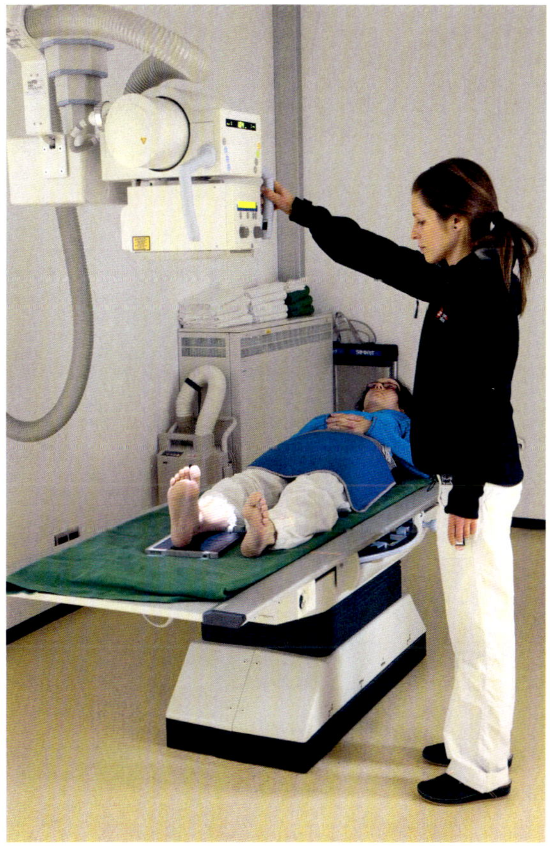

der neuen Art der Körperformung. Durch Lokalanästhesie und die Möglichkeit der modernen OP-Technik ist es möglich, fast alle körperformenden Operationen tagesklinisch durchzuführen, dazu gehören sogar Bauchstraffungsoperationen nach der Avelar-Methode. Diese Art der Körperformung bringt den Patienten viele Vorteile, nämlich die ideale, ambulant durchgeführte Modellierbarkeit des Körpers unter geringer Ausfallzeit und ohne Vollnarkose auch bei bisher nur schwer behandelbaren Bereichen, wie Kinn oder Oberarme.

Die Zillertaler Gründe und das Tuxertal

Gleich hinter Mayrhofen fächern sich vier Seitentäler, die sogenannten „Gründe" auf: Zillergrund, Zemmgrund, Stillupgrund und das Tuxertal.
Der Stillupgrund oder das Stilluptal ist das kürzeste der Seitentäler. Hier entspringt der Stillupbach nahe der Grenze zu Italien. Bei Mayrhofen mündet er in den Zemmbach, der wiederum in den Ziller fließt. Die mächtigen Gletscher rund um den Quellkessel speisen den Stillupbach ganzjährig. Der Stillupgrund ist ein märchenhaftes Wander- und Radfahrerparadies, ursprünglich und naturbelassen.
Der Zillergrund ist das östlichste der vier Seitentäler und – wie der Name vermuten lässt – das Quelltal des Zillers. Auch der Zillergrund eignet sich wegen der flachen Wege und der romantischen Atmosphäre wunderbar zum Wandern und Biken. Der Wanderweg Zillergrund führt abseits der Straße bis zum Talschluss. Immer wieder zweigen weitere, kleinere Täler vom Zillergrund ab, von denen keins dem anderen gleicht. Der

Zillergrund wird auch als Tor zum Hochgebirgs-Naturpark Zillertal bezeichnet. Dieser 379 Quadratkilometer große Erholungsraum für Pflanzen, Tiere und Menschen ist ein einzigartiges Naturreservat mit fantastischer Kulisse aus Berggipfeln, Almen, einsamen Seen und tiefen Wäldern. Rund 80 Gletscher gehören zum Hochgebirgs-Naturpark.

Naturpark Zillertaler Alpen

Skigebiet Vorderlanersbach

Ein Gletscherlehrweg rund um die Berliner Hütte, wo die von Gletschern geformten Täler mit ihren Randmoränen gut erkennbar sind, gibt Einblick in die Geschichte ihrer Entstehung. Der Naturpark besticht aber auch durch seltene, geschützte Pflanzen und Tiere, die mit ein wenig Glück und in Begleitung eines erfahrenen „Nature-Watch"-Führers aufzuspüren und zu beobachten sind.
Der Zemmgrund beherbergt die Quelle des Zamser Baches und des Schlegeisbaches. Hier versteckt sich auch das Bergsteigerdorf Ginzling vor der imposanten Kulisse mehrerer Dreitausender – idealer Ausgangspunkt für leichte oder anspruchsvollere Wanderungen und Bergtouren. Der Schlegeis-Stausee gehört mit der 131 Meter hohen Staumauer zu den größten Speicherseen im Gebiet des Naturparks Zillertaler Alpen. Man erreicht ihn auf einer 16 Kilometer langen Straße entlang des Zamser Baches. Im Sommer werden Staumauerführungen angeboten, eine beeindruckende und faszinierende Kombination aus Technik und Natur. Wer Lust auf eine Hochgebirgstour hat, ist am Schlegeis-Stausee genau am richtigen Platz, von hier geht es in die Bergwelt der Zillertaler Alpen zum Pfitscher Joch, zur Olperer Hütte, zum Friesenberg oder zum Furtschaglhaus, alles unvergessliche Wanderungen in atemberaubender Naturlandschaft.
Das Tuxertal ist das größte der Seitentäler und führt bis zum Talschluss mit dem Hintertuxer Gletscher. Winter im Tuxertal, das ist wie ein wahrgewordenes Märchen: eine unendlich weite und weiße Winterlandschaft mit Wiesen, Wäldern und Almen, mit hohen Bergen, schroffen Gipfeln und ewigem Eis. Das Tuxertal beginnt wie die Gründe kurz hinter Mayrhofen, wo es sich von Finkenberg, Vorderlanersbach, Lanersbach, Juns und Madseit bis ins Örtchen Hintertux über 17 Kilometer hinzieht. Die Höhenlagen von 850 bis 3 250 Metern garantieren 100-prozentige Schneesicherheit, das bedeutet 365 Tage Wintersportfreuden im Skigebiet. 227 top präparierte Pistenkilometer heißen Anfänger, Fortgeschrittene und Könner willkommen. 59 hochmoderne Liftanlagen sorgen für schnelles und bequemes Erreichen der Ski-

Finkenberg

... und Finkenberg bei Nacht

und Gletscherwelt „Zillertal 3000". Langlauf-Fans ziehen ihre Spuren durch 28 Kilometer Loipen, und wer gerne mit dem Schlitten durch den Pulverschnee braust, wählt unter drei beleuchteten Naturrodelbahnen. Kein Schlitten, keine Skier, keine Snowboards? Bitte sehr: Auch zu Fuß und mit Schneeschuhen ist das Winterwunderland ein Erlebnis mit sage und schreibe 68 Kilometern Winterwanderwegen. Damit nicht genug, Skitouren, Winter-Canyoning und Eisklettern versprechen zusätzlichen Adrenalinschub.

Im ganzen Gebiet verstreut laden urige Hütten zu einer kleinen Jause, zu Kaffee und Kuchen, zu einem Schnapserl oder auch zu einer ganzen Mahlzeit mit original Tiroler Spezialitäten. Auch an Unterkünften herrscht in Tux-Finkenberg kein Mangel, im Gegenteil, von Privatzimmern und bestens ausgestatteten Appartements über gemütliche Pensionen und Bauernhöfe bis zum Vier-Sterne-Luxus mit feinsten Wellnessangeboten ist alles vorhanden.

Die Teufelsbrücke in Finkenberg

1876 erbaut, ist diese Brücke ein seltenes Beispiel für Tiroler Holzbautechnik: tief unten die Klamm, überspannt die Brücke den tosenden Tuxer Bach. Wie der Name schon vermuten lässt, rankt sich eine Legende um die Brücke: Die Zillertaler wollten als besonders schlaue Tiroler sogar dem Teufel ein Schnippchen schlagen. Die Finkenberger Bauern wollten hier einen Steg über die Schlucht anlegen, wussten aber nicht recht, wie. Also wurde der Teufel befragt, der sich sogleich bereit erklärte, diesen Steg zu errichten. Sein Lohn sollte das erste Lebewesen sein, das die Brücke überquert. Die Bauern waren einverstanden, und so baute der Teufel den Steg und wartete in der Mitte auf sein Opfer. Die listigen Bauern aber jagten einen Geißbock auf die Brücke, woraufhin der übertölpelte Satan den Bock an den Hörnern riss und unter Wutgeheul auf ihm durch die Lüfte entschwand.

Die Spannagelhöhle

Der Eingang zu diesem einmaligen Naturwunder befindet sich nur zehn Minuten von der Bergstation der Zillertaler Gletscherbahn entfernt. Die Spannagelhöhle ist ganzjährig und täglich geöffnet und die größte Naturhöhle Tirols. Hier lässt sich die hochalpine Verkarstung der Gletscherregionen aus nächster Nähe bestaunen.
Ein Marmorzug zieht sich von Hintertux südlich zum Spannagelhaus, in dieser Schicht verbirgt sich das Spannagelhöhlensystem mit zahlreichen Naturwundern, zum Beispiel Gletschermühlen oder Geröllfelder. Hier kann man an einer etwa einstündigen Führung teilnehmen, die dafür nötige Kleidung wird gestellt. Ganz Unternehmungslustige melden sich zu einem Höhlentrekking mit einem erfahrenen Führer an und erleben Teile der Höhle, die sonst nur Höhlenforschern zugänglich sind – ein unterirdisches Abenteuer in einer geheimnisvollen Welt unter Tag!

Hintertux

Athanas Gritzer

Athanas Gritzer

A-6295 Ginzling 27

Telefon 00 43 (0) 52 86 / 52 46

Was alles aus einem Schwarz-Weiß-Dia entstehen kann, wenn sich ein Künstler damit beschäftigt, zeigt uns Athanas Gritzer im hintersten Zillertal – die Vielfältigkeit seiner Arbeiten ist kaum vorstellbar und spiegelt sicher auch einen Teil seiner sympathischen, liebenswerten und urigen Persönlichkeit wider.

Der ehemalige Sprachlehrer, Mitglied des FC Zillertal, hat sich ganz der experimentellen Fotografie verschrieben. Als künstlerischer Autodidakt und „Amateur", als der er von sich spricht, ist es ihm gelungen, ganz neue Techniken zu entwickeln, die zu internationalem Erfolg geführt haben. „Alchimist der Dunkelkammer" hat man ihn schon genannt, oder „Magier des Lichts", was bestimmt nicht übertrieben ist. In den 70er-Jahren des letzten Jahrhunderts entdeckte Athanas – übrigens sein „echter" Name – seine künstlerische Ader und begann mit der Mikrokristall-Fotografie. Dabei lichtet er selbst gezüchtete Kristalle mithilfe von polarisiertem Licht und Makrofilter ab;

so entstehen nach der Entwicklung in der eigenen Dunkelkammer Bilder mit der Anmutung eines Kaleidoskops, einer filigranen Goldschmiedearbeit oder einer schimmernden Eishöhle. Nach der Vergrößerung beginnt Athanas, diese „Landschaften" zu be- und übermalen, und es entstehen einmalige, farbenfrohe Gemälde, bei denen das eigentliche Kristallbild zum Beispiel Himmel und Hintergrund einer Berglandschaft bildet. Athanas Gritzer entwickelte mit dieser „Sandwichmethode", also mit zwei übereinandergelegten und gemeinsam projizierten Dias einen ganz eigenen Stil der Fotokunst, ebenso wie mit der „Haarriss-Technik", gewürdigt mit internationalen Preisen und Medaillen.

Seine Fantasie ist grenzenlos, das ganze Haus in Ginzling hängt voll von den unglaublich kreativen Arbeiten, die auf den Betrachter eine ganz eigenwillige Faszination ausüben. Je länger man ein solches Bild betrachtet, desto mehr Details lassen sich erkennen, der eigenen Fantasie werden dabei Tür und Tor geöffnet. Athanas Gritzers Fotoausstellungen stehen immer wieder unter einem anderen Thema, der Titel „Gegen alles ist ein Kraut gewachsen" inspirierte ihn zu einer Blumenserie, für die er Blumen und Kräuter spiegelverkehrt unter Wasser ablichtete. Diese zusammen mit einem Kristallbild fotografierte Spiegelung, vergrößert und übermalt, ergibt dann das fertige Kunstwerk. „Was immer ich mache, fotografisch ist es für mich ein Spiel mit Farbe, Form und Struktur", erklärt er seine Philosophie. Für Athanas Gritzer ist nicht die Motivwahl entscheidend, sondern die fotografischen Ausdrucksmöglichkeiten einer Bildgestaltung. Und so mutiert bei ihm ein „Gletscher", das heißt, eigentlich ein übermaltes Kristallbild, zu einem ganz anderen Motiv, wenn man es vor einem anderen Hintergrund oder seitenverkehrt fotografiert.

Alle seine Kunstwerke – ob skulpturhafte und intensiv nachbearbeitete Aktaufnahmen oder durch polarisiertes Licht fotografierte und übermalte Mikrokristalle – haben eines gemeinsam, nämlich eine farbenprächtige Ästhetik und Schönheit.

Lebensquelle Krapfenhof

Lebensquelle Krapfenhof
Sylvia und Alfred Stock

Innerberg 460
A-6292 Finkenberg

Telefon 00 43 (0) 52 85 / 6 21 11
Mobil 00 43 (0) 6 64 / 4 05 34 92
Telefax 00 43 (0) 52 85 / 6 21 11
www.krapfenhof.at

Yoga und Bauernhof – das ist auf den ersten Blick zumindest ungewöhnlich, aber eine wunderbare Kombination für rundum spannende und entspannende Momente.
Dabei steht Yoga für geistiges Wachstum mit all seinen Möglichkeiten, angefangen von körperlichen Übungen bis hin zu tief gehenden Meditationen, bei denen alte Blockaden gelöst werden können. Der Bauernhof bietet die Möglichkeit, sich auf Tiere und die Natur mit all ihren Facetten einzulassen.

Der Krapfenhof liegt in Finkenberg auf 1 050 Metern Seehöhe, direkt an der Tuxer Landesstraße, umgeben von grünen Wiesen, Wäldern und den Bergen des Tuxertals. Im Jahr 2000 übernahm Sylvia Stock den Hof von ihrem Vater und führt ihn seitdem gemeinsam mit ihrem Mann Alfred und den drei Kindern Patrik, Isabella und Philipp. Seit 2006 ist der Hof ein zertifizierter Bio-Betrieb

und Lebensraum für schottische Hochlandrinder, Tuxer Rinder, Pferde, Schafe, Meerschweinchen, Hasen, Katze, Hund und ... Lamas! Die Andenbewohner wurden in Südamerika wahrscheinlich schon im dritten Jahrtausend v. Chr. domestiziert. Seit dieser Zeit dienen Lamas vor allem als Lasttiere, außerdem sind sie natürlich Fleischlieferanten. Aus ihrer Wolle werden wunderbar weiche Strickwaren gefertigt, und sie bewähren sich auch als „Rasenmäher" in steilen Hanglagen, wodurch eine Bewirtschaftung in extensiven Berggebieten weiterhin möglich ist. Lamas sind sehr genügsame Tiere, die in den extremen Hochlagen der südamerikanischen Anden Futter finden. Heute sieht man sie auch in unseren Breitengraden, besonders in den Alpen, immer öfter. Sie sind begehrt wegen ihrer Wolle, außerdem eignen sie sich wunderbar als Freizeittiere. Eines kann man jedoch nicht: auf ihnen reiten, denn sie können nur bis zu 40 Kilo Gepäck tragen, dies allerdings ausdauernd und trittsicher. Und so kam es, dass Alfred Stock sich auf Wanderungen mit Lamas spezialisiert hat. Solche Touren sind meditative Spaziergänge in der Natur, denn die Ausstrahlung, die die Tiere auf Menschen ausüben, wirkt sich positiv auf die Aufmerksamkeit und die Wahrnehmung des Menschen aus. Dadurch entwickelt sich eine besondere Beziehung, sozusagen „zarte Bande", denn Lamas sind eher scheu und Menschen gegenüber sehr zurückhaltend; man könnte auch sagen, die Beschäftigung mit Lamas ist Balsam für die Seele. Die Angst vor dem berüchtigten Spucken kann man getrost vergessen! Lamas spucken normalerweise nur Artgenossen und Feinde an, wenn sie sich belästigt fühlen, um ihre Rangordnung deutlich zu machen

oder um Raubtiere auf Distanz zu halten. Lamas spucken halb verdauten Mageninhalt aus, übel riechend und mit erstaunlicher Treffsicherheit, aber harmlos. Durch ihre freundliche Distanz zu Menschen unterscheiden sich Lamas deutlich von Hunden oder Pferden, die sich unsereins viel schneller anschließen. Der Kontakt und die Beschäftigung mit Lamas können zahlreiche Verhaltensweisen und Ängste positiv beeinflussen. So fördert es zum Beispiel soziale Kompetenzen und Einfühlungsvermögen, Geduld und Rücksichtnahme. „Der Wunsch, ein Tier zu halten, entspringt einem uralten Grundmotiv – nämlich der Sehnsucht des Menschen nach dem verlorenen Paradies", ist ein Zitat des berühmten Tierforschers Konrad Lorenz, und wer weiß, vielleicht finden wir ja unser persönliches Paradies, wenn wir uns einmal auf den Weg mit Alfred Stock und seinen Lamas machen. Die Wanderangebote reichen von drei Stunden bis zur Tagestour oder auch mehrtägigen Touren, gemächlich durch die herrliche Alpenlandschaft, für Einzelpersonen, Kleingruppen oder auch für Firmen, Kindergeburtstage oder Schulklassen.

Wer sich für das Leben mit der Natur und in der Natur auf einem Bauernhof mit allerlei Tieren interessiert, ist auf dem Krapfenhof richtig. Dieser bietet auch Zimmer und Ferienwohnungen, immer mit Balkon oder Terrasse und schöner Aussicht, einem behaglichen Aufenthaltsraum, in dem Frühstück und Abendessen eingenommen werden – bei schönem Wetter auch auf der Terrasse. Der Krapfenhof ist liebevoll dekoriert und nach Feng Shui eingerichtet. Er verfügt ebenfalls über einen circa 85 Quadratmeter großen, wunderschönen Seminarraum, der bei Bedarf vermietet wird. Direkt vor der Tür befindet sich die Bushaltestelle, von wo aus man bequem die

zahlreichen Skigebiete, wie die Hintertuxer Gletscherbahn, die Eggalmbahn, die Rastkogelbahn und die Finkenberger Almbahn, erreicht.
Sylvia und Alfred Stock bewirtschaften nicht nur ihren Bauernhof, sondern arbeiten auch energetisch. Sylvia ist ausgebildete Manooenergetikerin, und Alfred ist ausgebildeter Yogalehrer, Yogagesundheitsberater und Manooenergetiker. Sie möchten den Menschen Anstoß geben, als Ausgleich zum teilweise stressigen Alltag mehr mit der Natur zu leben.
„Wenn man nur eine halbe Stunde pro Tag etwas für sich ganz persönlich macht, ist das schon ein Schritt in die richtige Richtung", ist ihr Motto. „Lebensquelle" nennen sie folgerichtig ihre Philosophie, dazu gehören auch die Yoga-Übungen, die nachweislich zur Erhaltung und Förderung der Gesundheit beitragen. Ein weiterer Aspekt von Yoga ist, sich tief mit sich selbst auseinanderzusetzen. Ganz wichtig ist außerdem die „richtige" Atmung, laut Alfred Stock das A und O körperlichen und geistigen Wohlbefindens. Etwas Besonderes ist die Manoo-Behandlung, das ist eine ganzheitliche, natürliche Energiebehandlung zur Erhaltung und Förderung der Gesundheit durch die Harmonisierung von Körper, Geist und Seele. Anwendung findet sie bei sämtlichen physischen und psychischen Störungen, und zwar sowohl bei Menschen als auch bei Tieren. Bei einer Manoo-Behandlung werden gemeinsam mit dem Betroffenen durch unterschiedliche Behandlungsmethoden gezielte Impulse gesetzt, die Körper, Geist und Seele wieder in Einklang bringen. Die Ursache einer Störung wird mit der Hilfe von Energiesteinen, Pflanzenwirkstoffen, Krafttieren, den Elementen und den Urkräften der Natur behandelt. Während dieser Behandlung ruht man ganz bequem auf einer Liege, berieselt von sanfter Musik in tiefer Entspannung.

Kasermandl

Kasermandl
Zillertaler Musikanten Alm

Vorderlanersbach 268
A-6293 Tux

Telefon 00 43 (0) 52 87 / 8 68 82
Mobil 00 43 (0) 6 76 / 3 03 64 38
Telefax 00 43 (0) 52 87 / 8 61 43
www.dj-mox.at

Wenn die uralten Holzbalken dieses Hauses aus dem 16. Jahrhundert sprechen könnten, sie würden so manche Geschichte aus längst vergangenen Zeiten erzählen, von einer Schmiede und einer Tischlerei, die sich hier einst befanden.

Irgendwann einmal wurde eine Weinstube mit Snacks daraus, und nach umfangreicher Renovierung, wobei die alte Bausubstanz aber original erhalten blieb, bittet heute das Kasermandl von Bibiana und Markus Steindl, die „urigste Skihütte in Tux" Gäste von nah und fern zu „Feier & Speis", und das nur 50 Meter neben der Talstation Rastkogelbahn, mitten in der Ski- und Gletscherwelt Zillertal 3000. Hier wird noch echte Zillertaler Tradition und Kultur gepflegt, und zwar in dem authentischen, heimeligen Ambiente einer Tiroler Bauernstube. Markus' Vater hat als gelernter Lüftlmaler die Innenwände des Restaurants wunderschön bemalt, die den passenden, familiären

Rahmen für die legendäre Stimmung mit herzlicher Tiroler Gastfreundschaft bilden.
Im Kasermandl spielt die Musi: Zünftige Weisen der volkstümlichen Musik, die ja im Zillertal besonders gepflegt wird, erklingen in den Stuben und an der rustikalen Bar. Dazu passen die zahlreichen Souvenirs und persönlichen Gegenstände von den ganz Großen der Branche, wie zum Beispiel Goldene Schallplatten von Semino Rossi, Hansi Hinterseer oder den Zillertaler Schürzenjägern, Musikinstrumente, wie Gitarren, Trompeten oder Zithern, aber auch wirkliche Raritäten: Auszeichnungen, wie der Echo für die Kastelruther Spatzen, der Grand Prix der Volksmusik für die Zillertaler Haderlumpen oder das originale Strickmützchen vom DJ Ötzi sind hochkarätige Geschenke dieser beliebten Stars der volkstümlichen Szene. Die Gäste des Kasermandl sollten sich aber vor lauter Schauen und Staunen nicht ablenken lassen von den ebenso echten und hochkarätigen Schmankerln auf den Tellern, denn im Kasermandl wird ausgezeichnet gekocht! Rosi ist die Herrin der Töpfe, und was ihre Küche verlässt, wird von Bibiana und ihrem Team, fesch in Lederhosen oder Dirndl gewandet, an die Tische gebracht. Alles ist original Zillertaler Küche, wie zum Beispiel der Tiroler Teller mit Schlutzer, Spinatknödel und Kasnocken, das Melkermus mit Preiselbeeren, die Kässpätzle, Zillertaler Ofenleber, Graukassuppe, Schweinshaxe oder -braten. Süßes darf natürlich auch nicht fehlen und erfreut Naschkatzen in Form von Kaiserschmarrn, Apfel- oder Topfenstrudel oder süßen Krapfen.
Im Winter wird auch ein Mittagsmenü angeboten, täglich ab 15 Uhr geht dann beim Après-Ski die Hüttengaudi so richtig los. Das Kasermandl ist im Sommer übrigens ein Geheimtipp zur Rast für Mountainbiker, deren Strecke genau hier verläuft. Dann vergoldet der Dämmerschoppen draußen die blaue Stunde, und dazu spielen vielleicht die Mayrhofner Ursprungbuam auf.

Haus Neu-Gries

Haus Neu-Gries
Matthias Wechselberger

Lanersbach 444
A-6293 Tux

Telefon 00 43 (0) 6 64 / 1 31 66 46
Telefax 00 43 (0) 52 87 / 8 73 57
www.neu-gries.at

Physiomed Tux
Telefon 00 43 (0) 6 64 / 1 31 66 47

„So ein schönes Haus" – das ist der erste Eindruck des sanierten, 90 Jahre alten Blockhauses in Lanersbach. Schön, weil es sich einmal nicht am beliebten „Bauernbarock" oder an einer imitierten alpenländisch-verspielten Form orientiert, sondern eine gelungene Kombination von traditionellem Wohnbau und zeitgenössischer Architektur eingeht und die gemütliche Atmosphäre eines Holzhauses mit den Annehmlichkeiten des heutigen Standards verbindet.

Das elterliche Haus war damals für zwei bis drei Familien nebst einer Gemischtwarenhandlung gebaut worden, in der die Großeltern des heutigen Besitzers als eine der ersten Pensionen im Ort Zimmer vermieteten. Heute beherbergt Neu-Gries zwei Privatwohnungen, zwei Ferienwohnungen und eine Physiotherapie-Praxis.
Abriss und Neubau kamen für Matthias Wechselberger schon aus emotionalen Gründen nicht in Frage, und so schuf das Architektenpaar Bruno Sandbichler und Feria Gharakhanzadeh gemeinsam mit dem Bauherrn mit Feinfühligkeit das stattliche Gebäude mit der auffälligen Fassade aus im Sonnenlicht rötlich schimmernden, unbehandelten Lärchenschindeln. Der Grundgedanke von Bauherr und Architekten war es, die Struktur des ursprünglichen Hauses weitestgehend zu erhalten und gleichzeitig einen modernen Zubau zu errichten, der den heutigen Anforderungen in Funktion und Aussehen entspricht. Die beiden Ferienwohnungen laden mit ihrer besonderen Art zum Wohlfühlen ein. Jedes Zimmer verfügt über eine Bank, ein traditionelles Element der Tiroler Bauernstuben, das gleichzeitig den Heizkörper verdeckt. Die originalen Zirbenholztäfelungen aus dem Jahr 1913 in Kombination mit modernen Einrichtungsobjekten verleihen den Räumen Behaglichkeit, wozu neben der angenehmen Wärme des Elements Holz auch die in rot gehaltene Einrichtung beiträgt. Gesundes Wohnen in harmonischer, authentischer Atmosphäre ist der Luxus,

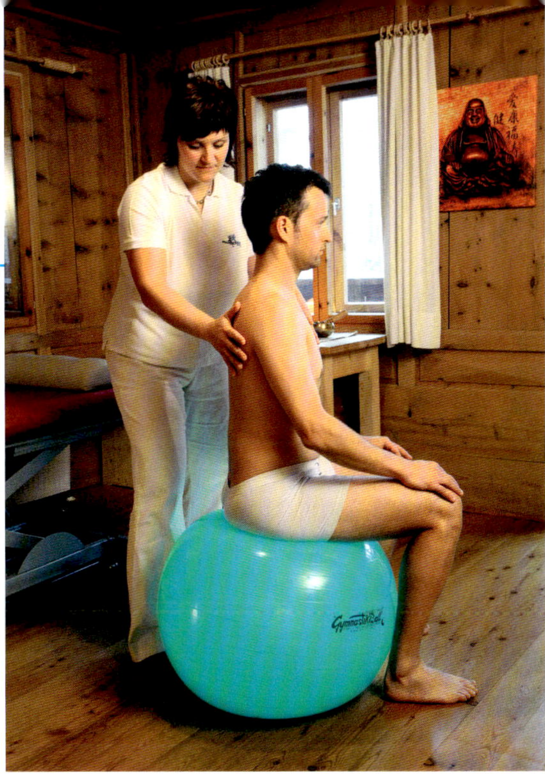

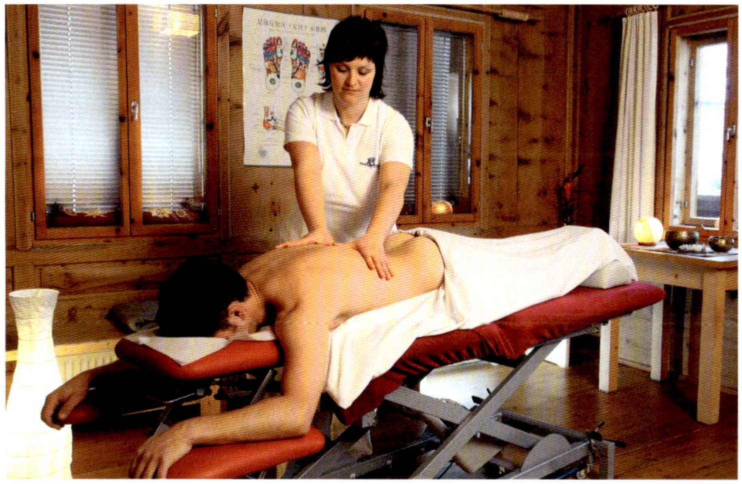

den Matthias Wechselberger seinen Urlaubsgästen bietet. Bei der Einrichtung hat man sich bewusst auf das Notwendigste beschränkt, dabei verfügen die Appartements über jeweils ein Doppelzimmer mit Balkon, eine Wohnküche mit Doppelbettcouch und Sat-TV sowie über ein Badezimmer. Die Küche ist komplett mit E-Herd, Backrohr, Kühlschrank, Kaffeemaschine und Wasserkocher ausgestattet. Dass die gesamte Modernisierung perfekt und vorbildlich gelungen ist, zeigt der Staatspreis für Tourismus und Architektur, der als Sonderpreis für Revitalisierung dem Bauherrn Matthias im Jahr 2000 überreicht wurde.

In diesem angenehmen Ambiente lässt es sich nicht nur wunderbar wohnen, sondern auch arbeiten. Matthias Wechselbergers Freundin Julia Widmann hat sich nach der Ausbildung zur Dipl. Physiotherapeutin im AZW Innsbruck und nach mehrjähriger Praxis im Heilbad Mehrn vor drei Jahren entschlossen, die Physiotherapie-Praxis „Physiomed Tux“ zu eröffnen. Sie bietet ihren Patienten eine fachmännische Rehabilitation durch manuelle Physiotherapie, Heilgymnastik und verschiedene Massagen (klassische Massage, Fußreflexzonen- und Vitalpunktemassage nach RWO-SHR, Klangschalenmassage) an, ferner Schröpftherapie, Moorpackungen, Kinesiotaping sowie Strom- und Ultraschalltherapie bei akuten und chronischen oder unfallbedingten Beschwerden des Bewegungsapparates.

Insider Sportshop

Insider Sportshop

Vorderlanersbach 83
A-6293 Tux

Telefon 00 43 (0) 52 87 / 8 61 09
www.insider-sportshop.com

Insider – der Name ist Programm. Denn es sind echte Insider, die da auf 300 Quadratmetern im Insider Sportshop an der Talstation der Rastkogelbahn in Tux-Vorderlanersbach alles bieten, was man auf und neben der Piste im Winter braucht. Der Name kann nicht treffender das bezeichnen, was die Geschäftsführer Matthias und Nicola Mader sind, nämlich absolute Profis.

Schon Vater Bernhard hat als begeisterter Sportler und staatlich geprüfter Skilehrer die Jugend und vor allem die Skirennläufer immer unterstützt, auch die Mutter war Skilehrerin. So ist es kein Wunder, dass die nächste Generation schon von klein auf mit dem Schneesport vertraut ist und

selbst gerne die Bretter anschnallt – Matthias und Nicola Mader und ihr Team sind halt „Insider" und geben ihr profundes Wissen an die Kunden weiter, natürlich immer gut drauf und, wie es sich gehört, per Tiroler „Du". Diese Kompetenz wissen sowohl Hobbysportler aus aller Welt als auch die Stars der Branche, wie US-Olympiasieger Ted Ligety und Österreichs Snowboardgrößen wie Wolle Nyvelt und Werni Stock zu schätzen.
Ob man nun Top-Fahrer ist oder auf den Hängen einfach nur Spaß haben will, eine gute Ausrüstung mit allen dazugehörigen Accessoires ist sehr wichtig. Hier sorgt das Angebot des Insider Sportshops dafür, dass man nicht nur modisch, sondern auch technisch up to date ist. Vom Helm bis zur individuell angepassten Schuhsohle bleibt kein Wunsch offen. Freeskier und Snowboarder finden ihren eigenen Bereich mit allen trendigen Labels, die man und frau auf und neben der Piste tragen. Eine große Auswahl an Mode- und Lifestylemarken weist die Insider-Kunden als Trendsetter aus. Auch im Sortiment ist die „Tiroler Adlerin" mit hippen Accessoires, wie bedruckten T-Shirts und handgestrickten Mützen oder Schals der Zillertaler Designerin Margret Schiestl.
Besonders die schnellen Sportler und Sportlerinnen sind beim Insider Sportshop richtig, denn das Herz der Familie Mader schlägt seit jeher für den Rennsport. Vom Rennanzug bis zum Schienbeinschützer, vom Rückenprotektor bis zu Rennschuh und Lawinenausrüstung und natürlich dem entsprechenden Skigerät reicht die Angebotspalette. „Wir sind Spezialisten in Sachen Füße" sagt Bernhard Mader und weist auf das Hightech-Schuhfitting-Gerät, bei dem der Schuh dem Fuß angepasst wird und nicht umgekehrt. Sollte es einmal eine kleine Wartezeit geben, so wird diese „versüßt" mit einem Stamperl bestem Zillertaler Edelbrand.
Im Verleih- und Servicebereich wird großen Wert auf eine schnelle, umkomplizierte Abwicklung gelegt. Der Kunde gibt seine Daten beim Check-In in den Computer ein, und in kurzer Zeit hält er seine Ausrüstung in Händen – stets die aktuellsten Modelle und perfekt präpariert. Über den Onlineshop kann er auch schon von zu Hause aus alle aktuellen Ski- und Snowboard-Modelle vorreservieren oder bequem stöbern und einkaufen.
Und wer im Sommer im Tuxertal aktiv unterwegs ist, findet im Insider Sportshop ebenfalls alles, was es zum Klettern, Mountainbiken oder Nordic Walking braucht, immer topaktuell und von bester Qualität – die persönliche, kompetente Beratung von den „Insidern" inbegriffen.

Bildhauerei & Kunstgewerbe Leonhard Tipotsch

Bildhauerei & Kunstgewerbe
Leonhard Tipotsch

Lanersbach 454
A-6293 Tux

Telefon 00 43 (0) 52 87 / 8 73 48
Telefax 00 43 (0) 52 87 / 8 73 484
www.bildhauer-tipotsch.at

Die Bildhauerei ist eine der ältesten bildenden Künste der Kulturgeschichte. Im Unterschied zur Malerei ist eine bildhauerische Arbeit immer dreidimensional. Die Bandbreite der verwendeten Materialien ist immens: Neben Stein, Metall, Ton und Gips ist es vor allem Holz, das die Künstler seit Menschengedenken kreativ bearbeiten. So auch Leonhard Tipotsch in Lanersbach im Tuxertal.

Schon sein Vater beherrschte die traditionelle Schnitzkunst und fing in den 50er-Jahren des letzten Jahrhunderts mit dem Schnitzen an. Leonhards Großvater war gelernter Tischler, Holz umgab den Enkel seit Kindheitstagen. Die Bildhauerei ist für ihn Lebensaufgabe und Lebensgrundlage, und war der Vater noch reiner Autodidakt, so besuchte Leonhard die Höhere Technische Lehranstalt für Holz- und Steinbildhauerei bei Professor Siegfried Hafner und legte 1983 seine Meisterprüfung in Innsbruck ab. Seitdem arbeitet Leonhard Tipotsch als freischaffender Bildhauer und Maler und führt daneben ein Geschäft mit Holzschnitzereien, Schmuck und Uhren, hochwertigen Wohnraumaccessoires und diversen Geschenkartikeln. Viele Auftragsarbeiten, wie zum Beispiel Darstellungen von Berufen, wie Fotograf, Bibliothekar, Arzt, Tischler oder Bäcker, entstehen als Unikate nach Kundenwunsch und Fotovorlagen aus Zillertaler Zirbe – ein beliebtes Geschenk zu einem Jubiläum oder Geburtstag. Aber auch Tiere, Krippen und Spiegel mit kreativ gestalteten Rahmen kommen aus seiner Werkstatt.
Leonhard Tipotsch ist ein nachdenklicher, gefühlvoller Künstler mit Botschaft, der in seinen oft raumfüllenden Skulpturen und Installationen seine Weltanschauung zum Ausdruck bringt und dem Betrachter etwas mitteilen will. Zunächst bringt Leonhard eine Idee zu Papier, die er dann nach und nach in Holz zu neuem Leben erweckt. Dafür braucht es sicherlich ein reiches Innenleben, viel Fantasie und vor allem die künstlerische Gabe. Zuerst steht jedoch die Beschäftigung mit

einem Thema oder einer Frage im Vordergrund, meist sozialer oder zwischenmenschlicher Natur. Leonhard Tipotschs Werke behandeln oft die Themen Geburt und Tod und alle Facetten zwischenmenschlicher Beziehungen innerhalb dieser beiden Pole. Was Menschen in sich tragen und wie sie dies weitererzählen oder wie Systeme mit Menschen umgehen, sind etwa die Fragen, die Leonhard auf seine Weise beantwortet: Hier findet sich eine schwangere Madonna, dort ein Christuskopf in einem Rollstuhlrad. Der „Sonnenfänger", an dem er ein Jahr gearbeitet hat, ist eine raumfüllende Figur mit farblich dargestellten Lebensabschnitten. Auch Armut, Liebe oder Politik finden als Skulptur ihren künstlerischen Ausdruck. Beeindruckend etwa das Relief „Die Tod" – Leonhard sieht das Ende des Lebens als weibliche Metapher für die Wiedergeburt. Wie sehr Leonhard Tipotschs Arbeiten geschätzt werden, belegen Ankäufe aus öffentlicher und privater Hand sowie zahlreiche Ausstellungen und Preise im In- und Ausland. Besichtigen kann man seine Werke in öffentlichen Gebäuden und in seiner Galerie.

In Zeiten, in denen Nivellierung und Globalisierung auch bei den Nahrungsmitteln Schlagworte sind, ist es ungeheuer wohltuend, auf echte Volksküche zu treffen. Die regionale Küche des Zillertals schöpft aus alten Traditionen und belebt diese immer wieder neu. Was die Bäuerin seit Menschengedenken in ihrem „Kuchlkastl" hortet, also Vorräte aller Art, wie Getreide, Eier, Speck und Mehl, und mit frischen Kräutern, Fleisch, Wurst oder Käse in allerlei Schmankerln verwandelt, ist immer die Grundlage einfachen, guten Essens. In vielen Gasthäusern sind die verwendeten Produkte zurückzuverfolgen, stammen aus der Region und oft aus biologischem Anbau. Einen besonderen Stellenwert besitzen im Zillertal Milch und Milchprodukte, die hier fast ausschließlich aus „Heumilch" gewonnen werden; das ist Milch von Kühen, die niemals Silofutter, sondern nur Gras und Heu fressen.

Mächtig stolz sind die Zillertaler auf ihren Graukäse, der zwar in ganz Tirol quasi die Leibspeise darstellt, im Zillertal aber noch in einer speziellen, länger gereiften Variante hergestellt wird. Früher galt der Graukäse als Arme-Leute-Essen, denn Magermilch war nach dem Abschöpfen des Rahms in Fülle vorhanden, die Sahne wurde ja meist zu Butter geschlagen. Oft stand der Eimer mit der Magermilch im warmen Stall oder neben dem Herd in der Küche, wo er nach ein paar Tagen zu einem schmackhaften Sauermilchkäse ganz ohne Lab heranreifte. Auch heute wird der Graukäse genauso gemacht wie vor Hunderten von Jahren. Nach drei Tagen Reifung ist er gelblich-speckig mit weißen Topfenpunkten und fertig zum Verzehr. Graukäse ist nicht jedermanns Ge-

Original Zillertaler Graukäse

schmack. Sein intensiver „Duft" und Geschmack lassen die einen erschauern, während wahre Liebhaber gar nicht genug davon bekommen können. Normalerweise verzehrt man ihn zur Jause oder Vesper, mit Zwiebelringen, Essig und Öl. Er eignet sich aber auch zum Kochen, zum Beispiel für die Zillertaler Krapfen, die Pressknödel oder die Graukassuppe. Die Zillertaler Spezialität ist der Zillertaler Premium-Graukäse, ein kalt gereifter Sauermilchkäse, ebenfalls aus roher Magermilch. Er trägt die europäische Ursprungsbezeichnung und unterscheidet sich schon äußerlich vom „normalen" Käse durch seine zylindrische Form und den blaugrünen Edelschimmel, der sich während der zwölfwöchigen Reifung von außen nach innen bildet und im Innern einen weißen Topfenkern behält. Am besten passen auch zum Premium Graukäse frisches Holzofenbrot, Butter, Zwiebelringe, gutes Öl, zum Beispiel ein steirisches Kürbiskernöl, und Essig. Als Getränk empfiehlt sich ein Glas frischer Zillertaler Heumilch. Ein frisch gezapftes, helles Bier oder ein Glas Weißburgunder eignet sich aber ebenso gut.
Wo wir gerade bei Getränken sind: Das Zillertal ist berühmt für seine edlen Schnäpse! Hier wachsen sie noch, die alten Apfel- und Birnensorten, Kirschen, Pflaumen, aromatische Beeren und Wurzeln, aus denen hervorragende Destillate entstehen. Viele Bauern stellen in eigenen Brennhäuschen in den Kupferblasen ihre Schnäpse her und verkaufen sie ab Hof oder auf Märkten – in Supermärkten sucht man nach diesen Raritäten vergeblich!

Alpinhotel Berghaus

Alpinhotel Berghaus
Familie Fankhauser

Madseit 711
A-6293 Tux

Telefon 00 43 (0) 52 87 / 8 73 64
Telefax 00 43 (0) 52 87 / 8 75 97
www.hotel-berghaus.at

Aktive Entspannung, familiäres Ambiente, gute Küche: Das verspricht einen rundum gelungenen Urlaub. Ulrike und Thomas Fankhauser sind die liebenswürdigen Gastgeber im Alpinhotel Berghaus am Fuße des Tuxer Gletschers. Modern, stilvoll und behaglich ist die ganze Atmosphäre.

Man sieht es dem stattlichen Gebäude nicht an, dass hier in den 50er-Jahren des letzten Jahrhunderts die „Texas-Milchtrinkstube" durstigen Wanderern frische Milch anbot – allerdings auch alkoholische Getränke, denn damals durfte noch kein Alkohol ausgeschenkt werden, und so trank man diesen zur Tarnung einfach aus Milchbechern – clever! Kurze Zeit später erlangte das damals noch kleine Haus Bekanntheit unter dem Namen „Alte Hütte" – das Restaurant des Hotels Berghaus heißt in Reminiszenz an vergangene Tage immer noch so.

Familie Fankhauser legt Wert darauf, dass in ihrem Hotel alles zueinander passt, sodass der Aufenthalt ihren Gästen in jeder Hinsicht Genuss bereitet. Sämtliche Zimmer verfügen über einen Balkon, der den Blick auf die sagenhafte Bergwelt mit dem Tuxer Gletscher freigibt.

Vier verschiedene Zimmerkategorien halten für jeden Anspruch die passenden Ausmaße bereit, man kann zwischen S (Einzelzimmer), M, L und XL wählen – der gigantische Panoramablick ist von überall sozusagen „inbegriffen". Kaum angekommen, fühlt man sich hier wie zu Hause, und erholsamen Schlaf garantieren die bequemen und gesunden Betten. Flatscreeen-TV und Kabel-Internetanschluss sind ebenfalls selbstverständlich. Schon die Eingangshalle mit offenem Kamin und großem Flat-TV und die Berghaus-Bar laden zu gemütlichem Plaudern mit anderen Gästen, mit Freunden oder mit Familie Fankhauser und ihrem Team. Das Hotel Berghaus bietet auch sonst alles, was angenehm und nützlich ist, denn das Wohlbefinden der Urlauber liegt Familie Fankhauser besonders am Herzen. Wer hier urlaubt, möchte natürlich die Zillertaler Alpen von ihrer schönsten Seite kennen lernen und Wanderungen, Berg- oder Mountainbiketouren unternehmen oder auf Skiern oder Snowboarden die glitzernden, weißen Hänge hinunterrauschen. Die Möglichkeiten körperlicher Betätigung sind zahlreich, und ein durch und durch aktiver Tag könnte im Hotel Berghaus so aussehen: morgens ein leichtes Training im Fitnessraum, dann hinauf auf die Berge, auf den Gletscher oder ins Skigebiet Zillertal 3000 bei Lanersbach. Der Skibus hält direkt gegenüber dem Hotel, und ebenfalls gegenüber, jedoch auf der anderen Seite, beginnt die 14 Kilometer lange Langlaufloipe. Im Sommer könnte man nachmittags Lust auf eine geführte Mountainbiketour mit Gastwirt Thomas haben oder eine der nahe gelegenen Almen besuchen. Fünfmal die Woche stehen Wanderungen aller Schwierigkeitsgrade in die Tuxer und Zillertaler Alpen mit Guide Gerhard auf dem Plan. Ganz Sportliche begeben sich vielleicht

auf einen der vielen Klettersteige. Für all diese Aktivitäten braucht man natürlich die adäquate Bekleidung aus top Material. Seit 2007 ist das Hotel Berghaus Testcenter der renommierten gleichnamigen Outdoor-Marke. Jeder Gast hat die Möglichkeit, Trekking- oder Skibekleidung sowie Rucksäcke kostenlos zu testen. Die Wanderstöcke kann man sich dazu ausleihen, und los geht's! Wer schon am Nachmittag heimkehrt, stillt seinen kleinen oder auch größeren Hunger am zünftigen Jausenbuffet.

Nach so einem aktiven Tag an der frischen, gesunden Luft bietet sich der „Urlaub im Urlaub" im Berghaus an. Auf 200 Quadratmetern findet der Gast eine Finnische Sauna, die Bio-Schwitzstube, eine Sole-Dampfgrotte, eine Infrarotkabine und die Sound-Erlebnisduschen. Je nach Lust und Laune kann man danach relaxen, entweder im Panorama-Ruheraum mit Blick auf den Gletscher oder auf Wasserliegen im urigen Ambiente der rustikalen Berghaus-Alm. Hier möchte man am liebsten gar nicht mehr weg. Das Kälteblockhaus im Außenbereich des Hotels sorgt dann ganz bestimmt wieder für einen kühlen Kopf, um wieder ins Hier und Jetzt zu gleiten.

Abends stehen wahre Gaumenfreuden im Restaurant „Alte Hütte" auf dem Programm. Hunger stellt sich nach Sport und Spaß sowieso ein, und

der wird hier auf das Allerfeinste gestillt. Jetzt heißt es einfach nur Platz nehmen und sich überraschen lassen. Schon seit vielen Jahren verwöhnt Küchenchef Eusebiu Butacu mit seiner Crew die Gäste des Hauses. Bekannt ist das Berghaus für exzellentes Lammfleisch aus eigener Zucht. Das Tuxer Steinschaf, aus dessen Wolle der Loden für die Zillertaler Tracht hergestellt wird, verbringt den Sommer auf der Alm und ernährt sich von saftigem Gras und aromatischen Kräutern, was man an dem Fleisch schmeckt. Das Wildfleisch – Hirsch und Gams – stammt aus eigener Jagd und wird vom Küchenteam auf so leckere Art und Weise zubereitet, dass es sogar Gäste und Einheimische vom anderen Ende des Tals lockt, die außerdem wissen, dass das Berghaus-Team ein „Händchen" für ausgesuchte Weine hat, die perfekt zu allen Speisen passen. Natürlich stehen auch Tiroler Schmankerl, Grill- und Fleischgerichte, hausgemachte Kuchen und Eisspezialitäten auf der Speisekarte. Alles ist frisch und regional, und den Apfelstrudel backt nach wie vor die Großmutter – wer könnte das auch besser machen? Das Einzige, was nun noch fehlt, ist ein Schlummertrunk an der Bar in gemütlicher Runde, bevor man sich in „sein" privates Reich zurückzieht, wo man in aller Ruhe einem herrlichen Frühstück entgegenträumt.

Alpenbadhotel Hohenhaus

Alpenbadhotel Hohenhaus
Familie Egger

Tux 774
A-6294 Hintertux

Telefon 00 43 (0) 52 87 / 85 01
Telefax 00 43 (0) 52 87 / 85 01 85
www.hohenhaus.at
www.tenne.com

Ruhig und doch zentral gelegen, erhebt sich das Alpenbadhotel Hohenhaus über den Dächern des Örtchens Hintertux. „Luxus mit Charme" ist die Devise des Hauses: Weitläufige Eleganz von der Eingangshalle über die gemütliche Bar mit Kachelofen bis zu den stilvollen Restaurants und Aufenthaltsräumen. Wer hier zu Gast ist, kann auf der einen Seite die sportlichen Outdoor-Angebote des Hintertuxer Gletschers auskosten und auf der anderen Seite die Annehmlichkeiten des Hauses genießen.

Das Alpenbad Hohenhaus mit 100 Quadratmetern Wasserfläche, der Gletscherpool und das Saunadorf Alt Hintertux bieten die Möglichkeit zum sportlichen Entspannen. An der Hotelbar und in der hauseigenen Disco Tux 1 ist zu späterer Stunde noch einiges los. Von Oktober bis Mai gastieren jeden Donnerstag die Top-Künstler der Partyszene, wie Olaf Henning, Mickie Krause, Rabaue, Antonia oder Guildo Horn.

Wer den gepflegten Après-Ski liebt, der ist in der Hohenhaus Tenne genau richtig. Im direkt an der Talstation der Hintertuxer Gletscherbahn gelegenen Après-Ski-Lokal geht die Post so richtig ab. In einer Atmosphäre von in liebevollen Details verarbeitetem Altholz, rustikal, aber nicht kitschig, fühlt man sich auf Anhieb wohl. Von Oktober bis Mai geben sich die Stars der Partyszene die Klinke in die Hand. Zweimal pro Woche gibt es Live-Programm und die besten Party-DJs – in der Hohenhaus Tenne an der Talstation der Hintertuxer Gletscherbahn ist immer etwas los!
Die zweite im Tuxertal befindliche Tuxer Tenne befindet sich in Lanersbach, optimal gelegen am Ende der Talabfahrt der Eggalmbahn und dennoch mitten im Ortszentrum. Die Kleine Tenne ist ein sehr vielseitiges Lokal mit Après-Ski von Dezember bis Mitte April sowie Restaurant und Discobetrieb über das ganze Jahr. Zudem hat sich die Kleine Tenne als die Veranstaltungslocation des Tuxertales herausgemausert. Das Lokal eignet sich besonders gut für Hochzeiten, Firmen- oder Weihnachtsfeiern, CD-Präsentationen oder Fanreisen.
Der Vollständigkeit halber sei noch erwähnt, dass es eine dritte Hohenhaus Tenne gibt: Die Hohenhaus Tenne in Schladming in der Steiermark ist das größte Après-Ski-Lokal der Alpen. Auch diese Tenne wurde in Altholz und mit vielen liebevollen Details – wie man sie auch in den beiden anderen Tennen findet – errichtet.

Romantik- & Wellnesshotel Bergland

Romantik- & Wellnesshotel Bergland
Anni Stock

Madseit 690
A-6294 Hintertux

Telefon 00 43 (0) 52 87 / 85 00
Telefax 00 43 (0) 52 87 / 85 00 49
www.bergland.com

Geradezu prädestiniert für eine Auszeit voller Harmonie und Sinnlichkeit ist das Romantik- & Wellnesshotel Bergland in Hintertux, wo Romantik ganz groß geschrieben wird. Schon die herrliche Umgebung lässt allen Alltagsstress abfallen, und wenn man dann eintaucht in die wohligen Räumlichkeiten des Bergland, kann man sich auf eine unbeschwerte Zeit mit vielen Überraschungen freuen.

Seit 40 Jahren besteht das Haus, anfangs eine Frühstückspension, die sich nach mehreren Umbauten heute als extravagantes und einzigartiges Vier-Sterne-Haus präsentiert. Das Motto „Romantik" zieht sich in vielen liebevollen Details durch das ganze Hotel. „Liebe wird es immer geben", sagt Frau Stock, deshalb sollen Liebespaare, egal in welchem Alter, im Hotel Bergland rundum auf romantische Art verwöhnt werden, das gilt ebenfalls für Familien. Das Hotel-Logo symbolisiert mit der Spirale innere Ruhe und Einklang mit sich selbst, und diese Ruhe finden die Gäste zum Beispiel in den hinreißend eingerichteten Zimmern und Suiten. Sie haben keine Nummern, sondern Namen und zitieren ein besonderes Thema, das immer mit Romantik, mit Liebe, Leidenschaft und

Skating- und Langlaufstrecke direkt am Hotel, Laternen- oder Schneeschuhwanderungen. Der wundervolle Aufenthalt im Hotel Bergland wäre natürlich nicht komplett ohne die erlesenen Gaumenfreuden für verliebte Genießer, sei es ein romantisches Candlelight-Dinner oder eine Genusswanderung an einen besonders romantischen Ort im Zillertal.

Zärtlichkeit zu tun hat. Soll es die Suite Amor mit Himmelbett sein, die Herz- oder Genießer-Suite oder vielleicht das „Crazy heart“, ein Zimmer, in dem sich besonders junge Pärchen wohlfühlen? Für welche traumhaften vier Wände man sich auch entscheidet, hier residiert man feudal, sehr individuell und schläft himmlisch!
Die romantische Atmosphäre verführt praktisch im ganzen Haus und setzt sich auch im Außenbereich fort. Neben der fantastischen Bergwelt des Tuxertals, die man tagsüber erkundet, sind es die beglückenden Momente im Hotel Bergland, die die Romantik in einer Beziehung vielleicht wieder aufleben lassen. Ein besonderes Highlight ist das Champagner-Rendezvous im Outdoor-Solepool unter dem Zillertaler Sternenhimmel oder das kuschelig eingerichtete Baumhaus, das zu einer unvergesslichen Nacht unter dem Sternenhimmel des Zillertals einlädt. Ebenfalls einladend ist das exklusive Wohlfühl-Spa mit Kuscheloasen im Ruhebereich – hier kann man im warmen Wasser des Panoramabades die Zeit vergessen und sich bei einem gemeinsamen Rosenduft-Partnerbad oder im duftenden Heubad entspannen, um den nächsten Tag wieder aktiv zu erleben.
Im Sommer gehören etwa herrliche Wander- und Bergtouren, von den Gastgebern persönlich geführt, zu den „Plus“-Angeboten des Hotels, dazu kommen etliche Extras, wie der Bike-Shop im Haus, der Verleih von Stöcken und Rucksäcken oder geführte Mountainbiketouren. Die Winter-Specials begeistern mit hauseigenem Skiguide,

Hotel Alpenhof

Hotel Alpenhof
Familie Klaus und Gabi Dengg

Hintertux 750
A-6293 Tux

Telefon 00 43 (0) 52 87 / 85 50
Telefax 00 43 (0) 52 87 / 85 50 99
www.alpenhof.at

Es gibt zwar ein Sprichwort, das sagt „Platz ist in der kleinsten Hütte", aber wenn man ehrlich ist, stellt Platz den wahren Luxus dar. Und so empfängt den Gast schon beim Eintreten in den Alpenhof in Hintertux eine weitläufige Hotelhalle mit edlem Marmorboden und ebenso edlen Teppichen. Diese Weitläufigkeit setzt sich in allen Räumlichkeiten des Hauses fort, das seit dem Neubau im Jahr 2006 in frischem, jungem Glanz erstrahlt.

Bereits seit vier Generationen steht der Alpenhof im Zeichen herzlicher Tiroler Gastfreundschaft und bietet den Urlaubern ein deutliches „Mehr" an Leistung, für das er als erstes Haus in Tux mit der Klassifizierung 4**** Superior ausgezeichnet wurde. Dieses „Mehr" erschließt sich bei einem Rundgang auf den ersten Blick: die Hotelhalle und die Bar mit offenem Kamin und traumhaftem Blick auf die Tuxer Gletscherwelt, das erlesen eingerichtete Restaurant und die behaglichen Aufenthaltsräume, der äußerst stilvolle, sehr „britisch" anmutende Havanna Room mit Lederfauteuils und Kamin und einer großen

Auswahl an Zigarren und Zigarillos und natürlich die Zimmer und Suiten, in denen es wirklich an nichts fehlt, topmoderne Flat-TVs und Internet-Anschluss sind selbstverständlich. Wieder steht den Gästen viel Platz zur Verfügung: Die kleineste Suite misst 38 Quadratmeter, die größte Familiensuite hat mit 77 Quadratmetern äußerst großzügige Dimensionen. Dezenter Luxus ist überall spürbar, geschmackvoll und exklusiv ist die Einrichtung im gemütlichen Tiroler Landhausstil, dank ihrer Behaglichkeit, der Ruhe und des Komforts Orte des optimalen Wohlbefindens.

Mit optimalem Genuss verwöhnt auch die Küche: Ein Urlaubstag beginnt mit dem reichhaltigen Frühstücksbuffet mit vielen Fleisch- und Milchprodukten aus der eigenen Landwirtschaft oder von heimischen Bauern. Eiergerichte werden vor den Augen der Gäste frisch zubereitet, verschiedene Müslis, gesundes Obst, hausgemachte Marmeladen und frische Säfte sorgen für einen guten Start in einen aktiven Tag. Wer am Nachmittag in den Alpenhof zurückkehrt, den erwarten köstliche Kleinigkeiten in Form von süßen und herzhaften Häppchen für den kleinen Hunger zwischendurch. Abends läuft

das Küchenteam unter der Leitung des langjährigen Küchenchefs Werner dann zur Hochform auf. Den kulinarischen Höhepunkt bildet ein Fünf-Gang-Menü mit vier Wahlmöglichkeiten und diversen Buffets. Regelmäßig sorgen Themenabende für Abwechslung. Die kulinarische Bandbreite reicht von Zillertaler Schmankerln bis zu internationalen Spezialitäten und begeistert die Gäste des Alpenhofs täglich aufs Neue. Jungsommelier Klaus, der Sohn des Hauses, empfiehlt zu allen Speisen die passenden Weine.

Natürlich bietet die Tuxer Bergwelt sowohl im Sommer als auch im Winter alles, was das Herz begehrt. Familie Dengg verwöhnt ihre Gäste im Sommer mit Inklusiv-Leistungen wie geführten Wanderungen mit eigenem Bergführer, gemütlichen Touren und Ausflügen, für die der Wanderrucksack schon im Zimmer liegt, mit einer Nordic-Walking-Stunde oder Wassergymnastik. Der 1 000 Quadratmeter große Alpengarten lädt zum Faulenzen, Relaxen und Plantschen ein.

Der Winter in Tux: ein Märchen in Weiß mit 100-prozentiger Schneesicherzeit auf 245 Pistenkilometern und mit 67 modernsten Seilbahnen und Skiliften. Auch hier hat der Alpenhof viele Extras, die den Urlaub vergolden: Fünfmal wöchentlich Skiguide, einmal wöchentlich ein lustiger Rodelabend und ein swingender Tanz- oder Jazzabend machen den Aufenthalt zum reinen Vergnügen. Der topmoderne Skikeller hält für jedes Zimmer einen verschließbaren und beheizten Ski- und Skischuhschrank bereit. Sozusagen gleich vor der Tür können die Skifahrer in den Gratis-Shuttlebus zur Gletscherbahn einsteigen oder den Tuxer Sportbus zu anderen Zielen im Tal benutzen, und der Tuxer Nachtbus transportiert Nachtschwärmer in den Wintermonaten sicher und stressfrei. Zu jedem Zimmer gehört übrigens ein kostenloser Tiefgaragenplatz mit direktem Zugang zum Hotel.

Ein weiteres Highlight des Alpenhofs ist der Entspannungsbereich Vitalis, der auf 1 400 Quadratmetern Wellness, Sport und Beauty erster Güte

bereithält. Wer auf 1500 Metern Meereshöhe trainiert, erzielt einen effizienten und besonders positiven Trainingseffekt. Der Fitnessraum des Alpenhofs ist mit den modernsten Cardiogeräten ausgestattet. Im großen, tiefblauen Bergsee-Schwimmbecken kann man bei wohligen 30 Grad Celsius geruhsam seine Bahnen ziehen. Auch hier punktet das Haus wieder mit Weiträumigkeit zum Relaxen oder zur sportlichen Betätigung: Die Turnhalle bietet mit ihren 160 Quadratmetern viel Platz für alle Ball- oder Tanzsportarten – einzigartig in Tirol. Wer es lieber ganz entspannt hat: Im Vitalis erwarten den Gast unterschiedlich temperierte Saunen, Dampfbäder, Solarien und großzügige Ruhebereiche, zum Beispiel der Familienruheraum, der Panorama-Ruheraum mit offenem Kamin oder der Ruheraum „Feuer und Eis". Sogar ein Gletscherbach mit Kneippbecken ist vorhanden, und zwischendurch lädt die Vitamin-, Tee- und Saftbar zu Erfrischungen mit knackigem Obst, gesunden Knabbereien und belebendem Tuxer Quellwasser. Im Massagebereich „Lichtblick" bringen freundliche, kompetente Mitarbeiter mit diversen Massagen, Bädern und Anwendungen Körper und Geist in Einklang.

Kids kommen im Alpenhof ebenfalls nicht zu kurz: Neben der Turnhalle und dem Kinderschwimmbecken erfreut ein riesengroßes Spielzimmer mit vielen tollen Spielgeräten die Kinderherzen, sodass sich Langeweile gar nicht erst einstellt. Spezielle Familienpakete sind auf Eltern und Kinder zugeschnitten, die Advents- und Weihnachtszeit wird dann für die ganze Familie zu einem unvergesslichen Erlebnis, das man sich in Form eines Gutscheins übrigens auch schenken lassen kann.

Hotel Gletscher & Spa Neuhintertux

Hotel Gletscher & Spa Neuhintertux
Familie Hansjörg und Gertraud Tipotsch

Hintertux 783
A-6293 Hintertux

Telefon 00 43 (0) 52 87 / 85 80
Telefax 00 43 (0) 52 87 / 85 80 402
www.neu-hintertux.com

„Gletscher & Spa" – das sind zwar nicht alle Highlights des Hotels Neuhintertux, aber sie deuten zumindest schon einmal an, auf was sich die Gäste hier freuen können. Das Hotel Neuhintertux: eine ganze Urlaubswelt, in der es dem Gast an absolut nichts fehlt. Die Lage ist nicht zu toppen: Ganz „hinten" im Tuxertal direkt an der Talstation und an der beschneiten Talabfahrt empfängt das beeindruckende Gebäude die Urlauber mit stilvoller Eleganz.

Die familiäre Atmosphäre beruht auf der Tatsache, dass schon in der zweiten Generation die ganze Familie Tipotsch im Hotel tätig ist und sich mit ihrem zuvorkommenden Mitarbeiterteam persönlich um ihre Gäste kümmert. Das bedeutet, dass die Chefin selbst die Gäste an der Rezeption willkommen heißt und stets für alle Wünsche ein offenes Ohr hat. In drei Jahrzehnten, die das Haus schon besteht, hat es sich natürlich verändert, es wurde modernisiert, umgebaut, erweitert – geblieben ist das Bewusstsein für Tradition und die herzliche Gastfreundschaft immer im Dienste des Gastes, der ja schließlich König ist. „Verwöhnperlen" nennt Familie Tipotsch ihre Rundum-Betreuung, bei der wirklich für jeden Geschmack etwas dabei ist und kein Wunsch offenbleibt.
Fit und vital geht es in Hintertux zu jeder Jahreszeit zu: Im Sommer kann man vom Hotel aus

scheuen Tieren bei. So kann man zum Beispiel den Flug eines Adlers hautnah erleben und sich dabei allerhand Wissenswertes über Flora und Fauna vom Experten erklären lassen. Andere geführte Erlebniswanderungen zu Almen, eine Mühlenführung, eine Nacht im Heulager oder das Hüttentrekking zu Alpenvereinshütten bringen den Urlaubern die Zillertaler Bergwelt inmitten des Naturparks ebenfalls intensiv und unterhaltsam näher.

nicht einfach nur wandern gehen, sondern die Natur mit dem Juniorchef, Wanderführer Markus, persönlich erleben. Das Haus gehört nämlich zu den „Nature Watch"-Hotels, die ihren Gästen mit speziell geschulten Guides die wunderbare Bergwelt viel anschaulicher erklären, als wenn man sich selbst auf Wanderschaft begibt. Swarovski-Leihferngläser tragen zu überraschenden und ungeahnten Begegnungen mit seltenen oder

Im Winter befinden sich die Aufstiegsanlagen zum Gletscher nur ein paar Schritte entfernt: Schneller und bequemer erreicht man die glitzernden Hänge nicht. Wenn der Hintertuxer Gletscher seine ganze Pracht entfaltet, haben die Gäste des Hotels Neuhintertux wieder die Qual der Wahl zwischen verschiedenen Angeboten, die ihnen die schönsten Seiten der Winterlandschaft zeigen, etwa mit dem wöchentlichen Skiguide oder auf der eben-

falls einmal wöchentlich beleuchteten Rodelbahn. Im hauseigenen Intersport Rent Geschäft ist die aktuelle Sportmode für alle Outdoor-Aktivitäten ebenso erhältlich wie Trachtenkleidung, Spielsachen, Kosmetikartikel und Mitbringsel, außerdem kann man Skier, Snowboards und Skischuhe mieten.

Golfer brauchen nicht auf ihren Lieblingssport zu verzichten: Die neue Indoor-Golfanlage ist einzigartig im Zillertal und ermöglicht es, auf 32 Golfplätzen unter absolut realistischen Bedingungen zu trainieren, entweder mit der eigenen oder mit der Leihausrüstung – und das auf 1 500 Höhenmetern gleich nach dem Skilaufen!

Die Wellnessabteilung im Hotel Neuhintertux setzt neue Maßstäbe. Auf 750 Quadratmetern, im obersten Stockwerk des Hauses mit direktem Blick auf die wildromantische Zillertaler Gletscherwelt heißt es eintauchen und relaxen im Pool, in der Tuxer Schwitzgrotte, der Bergkristallgrotte oder im Thepidarium/Laconium. Es gibt ein Luftsprudelbecken im Freien und eine Panoramaterrasse, die Ruheoase ist mit Wasserbetten ausgestattet. Das Spa-Angebot ist umfangreich und bringt Entspannung von Kopf bis Fuß. Osteopathische und physiotherapeutische Behandlungen beugen Verspannungen und Funktionsstörungen des Körpers vor, sie können die natürlichen Bewegungsabläufe erhalten, verbessern oder wiederherstellen und

wirken allgemein positiv und ausbalancierend auf das tägliche Leben. Diplomierte Physiotherapeuten und Osteopathen, zu denen übrigens auch die Tochter des Hauses zählt, diagnostizieren und behandeln nicht nur Bewegungseinschränkungen oder muskuläre Dysbalancen, sondern helfen auch bei Kopfschmerzen oder Bluthochdruck.
Individuell abgestimmte Beauty- und Massageanwendungen lassen Gesicht und Körper strahlen. „Kaiser"- und „Softpack"-Bäder tragen mit ihren pflegenden und vitalisierenden Kräuterzusätzen oder ätherischen Ölen zu absolutem Wohlbefinden bei. Wer dann wie Aphrodite schaumgeboren dem Bade entstiegen ist, kann sich mit neuer Energie auf die kulinarischen Genüsse des Hotels freuen. Hier zeigt sich die sprichwörtliche Tiroler Gastfreundschaft von ihrer „essbaren" Seite. Nur das Beste aus Küche und Keller mit Produkten ausschließlich von einheimischen Bauern finden den Weg auf die Teller der Gäste. Mit dem lukullischen Frühstück mit Bioecke fängt der Tag an und endet kulinarisch mit einem Vier-Gang-Menü mit Wahlmöglichkeit. Diverse Themenabende, wie ein italienischer oder ein rustikaler Abend, mit musikalischer Umrahmung bringen Abwechslung, und wer nachmittags vom Wandern oder Skifahren heimkehrt, stärkt sich mit einer süßen oder herzhaften Jause. Salat-, Vorspeisen und Dessertbuffets sind ebenfalls selbstverständlich, und wenn die Jagdsaison eröffnet ist, erlegt der Chef persönlich Hirsch, Gams & Co. Die entsprechenden Weine empfiehlt wieder ein Familienmitglied, Sohn Stefan ist Diplom Sommelier. Weindegustationen, Klavier- und Cocktailabende sorgen für Kurzweil, wobei die Urlauber mit anderen Gästen in Kontakt kommen und mit neuen oder alten Freunden die Stunden genießen. Und niemand muss zum Rauchen vor die Tür: Im behaglich eingerichteten Zigarrenstüberl mit großer Auswahl an Rauchwaren können Smoker ihrer Leidenschaft mit Gleichgesinnten frönen.
Ein absoluter Genuss sind auch die Zimmer und Suiten im Hotel Neuhintertux: Großzügig in den Ausmaßen, immer mit Balkon und teilweise mit Kachelofen verbinden sie Komfort mit dezentem Luxus, sodass der Aufenthalt zur Rundum-Erholung wird und aus dem Urlaubstraum ein Traumurlaub.

Alles auf einen Blick

24_Achentaler Glaskunst
Franz Unterberger
A-6215 Achenkirch 420e
Telefon 00 43 (0) 52 46 / 65 67
Mobil 00 43 (0) 6 50 / 9 83 36 21
Telefax 00 43 (0) 52 46 / 64 92
franzunterberger@gmx.at
www.achentaler-glaskunst.com

130_Alpenbadhotel Hohenhaus
Familie Egger
Tux 774
A-6294 Hintertux
Telefon 00 43 (0) 52 87 / 85 01
Telefax 00 43 (0) 52 87 / 85 01 85
info@hohenhaus.at
www.hohenhaus.at
info@tenne.com
www.tenne.com

94_Alpendomizil Neuhaus Hotel
Familie Josef Moigg
Am Marktplatz 202
A-6290 Mayrhofen
Telefon 00 43 (0) 52 85 / 67 03
Telefax 00 43 (0) 52 85 / 6 70 37 03
info@alpendomizil.at
www.alpendomizil.at

126_Alpinhotel Berghaus GesmbH
Familie Fankhauser
Madseit 711
A-6293 Tux
Telefon 00 43 (0) 52 87 / 8 73 64
Telefax 00 43 (0) 52 87 / 8 75 97
info@hotel-berghaus.at
www.hotel-berghaus.at

110_Athanas Gritzer
A-6295 Ginzling 27
Telefon 00 43 (0) 52 86 / 52 46

96_Bacher Spiel & Spaß
Rudolf Bacher
Hauptstraße 488
A-6290 Mayrhofen
Telefon 00 43 (0) 52 85 / 6 22 58
Telefax 00 43 (0) 52 85 / 6 22 584
info@rudibacher.at
www.rudibacher.at

44_BAWA Lounge GlamClub
Dieter Daum
Badweg 3
A-6263 Fügen
Hotline 00 43 (0) 6 76 / 5 55 50 20
info@nightzone.cc
www.nightzone.cc.

122_Bildhauerei & Kunstgewerbe
Leonhard Tipotsch
Lanersbach 454
A-6293 Tux
Telefon 00 43 (0) 52 87 / 8 73 48
Telefax 00 43 (0) 52 87 / 8 73 484
bildhauer.tipotsch@aon.at
www.bildhauer-tipotsch.at

50_Café Restaurant Edhof
Reitanlage
R & D Eberharter
Kapfingerstraße 11
A-6263 Fügen
Telefon 00 43 (0) 52 88 / 6 24 68
Mobil 00 43 (0) 6 76 / 83 85 55 28
info@rcr-edhof.at
www.rcr-edhof.at

18_Eisen Orgler
Familie Pegritz
Bahnhofstraße 16
A-6130 Schwaz
Telefon 00 43 (0) 52 42 / 6 26 34
Telefax 00 43 (0) 52 42 / 7 27 39
mike.pegritz@orgler.at
www.orgler.at

100_Gästehaus & Ferienhäuser Martinus
Familie Wechselberger
Rauchenwald 663
A-6290 Mayrhofen
Telefon 00 43 (0) 52 85 / 6 33 84
Telefax 00 43 (0) 52 85 / 6 33 84
martinus.mayrhofen@aon.at
www.members.aon.at/martinus

26_Gürtler Moden
Mode – Jeans & Sportswear – Trachten
A-6212 Maurach 90
Telefon 00 43 (0) 52 43 / 54 39
Telefax 00 43 (0) 52 43 / 54 394
info@guertler-moden.at
www.guertler-moden.at

85_Haberl's Skibar
Zillertal Arena
A-6281 Gerlos
Telefon 00 43 (0) 52 84 / 52 74
www.apreski-gerlos.at

118_Haus Neu-Gries
Matthias Wechselberger
Lanersbach 444
A-6293 Tux
Telefon 00 43 (0) 6 64 / 1 31 66 46
Telefax 00 43 (0) 52 87 / 8 73 57
info@neu-gries.at
www.neu-gries.at

Physiomed Tux
Telefon 00 43 (0) 6 64 / 1 31 66 47
info@physiomed-tux.at

Alles auf einen Blick

64_Holzdesign
Planung Fertigung Handel
Christian Kofler
Dorfstraße 18
A-6275 Stumm
Telefon 00 43 (0) 52 83 / 21 03 10
Telefax 00 43 (0) 52 83 / 21 03 15
info@holzdesign.cc
www.holzdesign.cc

134_Hotel Alpenhof
Familie Klaus und Gabi Dengg
Hintertux 750
A-6293 Tux
Telefon 00 43 (0) 52 87 / 85 50
Telefax 00 43 (0) 52 87 / 85 50 99
info@alpenhof.at
www.alpenhof.at

138_Hotel Gletscher & Spa Neuhintertux
Familie Hansjörg und Gertraud Tipotsch
Hintertux 783
A-6293 Hintertux
Telefon 00 43 (0) 52 87 / 85 80
Telefax 00 43 (0) 52 87 / 85 80 402
hotel@neu-hintertux.com
www.neu-hintertux.com

74_Hotel Schönruh
Familie Krupik
Innertal 285
A-6281 Gerlos
Telefon 00 43 (0) 52 84 / 53 68
Telefax 00 43 (0) 52 84 / 5 53 77
info@schoenruh.com
www.schoenruh.com

46_Hotel Sonne
Thomas Huber
Dorfstraße 57
A-6263 Fügen
Telefon 00 43 (0) 52 88 / 6 22 66
Telefax 00 43 (0) 52 88 / 6 21 77
sonne.fuegen@aon.at
www.sonne-fuegen.at

66_Ferienhotel Sonnenhof
Familie Johann Wildauer
Rohrerstaße 47
A-6280 Zell am Ziller
Telefon 00 43 (0) 52 82 / 71 25
Telefax 00 43 (0) 52 82 / 71 76 55
info@ferienhotel-sonnenhof.com
www.ferienhotel-sonnenhof.com

120_Insider Sportshop
Vorderlanersbach 83
A-6293 Tux
Telefon 00 43 (0) 52 87 / 8 61 09
info@insider-sportshop.com
www.insider-sportshop.com

116_Kasermandl
Zillertaler Musikanten Alm
Vorderlanersbach 268
A-6293 Tux
Telefon 00 43 (0) 52 87 / 8 68 82
Mobil 00 43 (0) 6 76 / 3 03 64 38
Telefax 00 43 (0) 52 87 / 8 61 43
mox@dj-mox.at
www.dj-mox.at

112_Lebensquelle Krapfenhof
Sylvia und Alfred Stock
Innerberg 460
A-6292 Finkenberg
Telefon 00 43 (0) 52 85 / 6 21 11
Mobil 00 43 (0) 6 64 / 4 05 34 92
Telefax 00 43 (0) 52 85 / 6 21 11
lebensquelle@krapfenhot.at
www.krapfenhof.at

102_Leo Wohnarchitektur
Maria und Dietmar Leo
Dorfhaus 793
A-6290 Mayrhofen
Telefon 00 43 (0) 52 85 / 6 34 88
office@leo-wohnarchitektur.at
www.leo-wohnarchitektur.at

22_Loden Kern
Maß-Schneiderei
A-6215 Achenkirch 610
Telefon 00 43 (0) 52 46 / 2 02 83
Mobil 00 43 (0) 6 76 / 6 12 37 68
Telefax 00 43 (0) 52 46 / 2 02 83
loden-kern@live.at

62_Der Metzgerwirt
Familie Hannes Hell
Dorfstraße 6
A-6271 Uderns
Telefon 00 43 (0) 52 88 / 6 25 59
Telefax 00 43 (09 52 88 / 6 25 594
info@dermetzgerwirt.at
www.metzgerwirt.at

78_Restaurant Jägerstüberl
Familie Kammerlander
A-6281 Gerlos 217
Telefon 00 43 (0) 52 84 / 54 57
Telefax 00 43 (0) 52 84 / 5 45 74
jaegerstueberl@aon.at
www.jaegerstueberl.at
info@das-landhaus-gerlos.at
www.das-landhaus-gerlos.at

132_Romantik- & Wellnesshotel Bergland
Anni Stock
Madseit 690
A-6294 Hintertux
Telefon 00 43 (0) 52 87 / 85 00
Telefax 00 43 (0) 52 87 / 85 00 49
info@bergland.com
www.bergland.com

86_Romantik-Natur-Hotel Grubachhof
Barbara und Hans Geisler
Innertal 324
A-6281 Gerlos
Telefon 00 43 (0) 62 84 / 83 94
Telefax 00 43 (0) 62 84 / 83 94 44
info@grubachhof.at
www.grubachhof.at

82_Rössl Alm
Elfriede und Josef Haberl
Gerlos 308
A-6281 Gerlos
Telefon 00 43 (0) 52 84 / 52 74
Mobil 00 43 (0) 6 64 / 1 47 50 00
hottererhof_gerlos@hotmail.com
www.roesslalm.at

20_Sero's
Vini Alimentari e più
Burggasse 4
A-6130 Schwaz
Telefon 00 43 (0) 52 42 / 6 24 51
office@sero-austria.com
www.seros.at

80_Sport 2000 Engelbert
Familie Gerald Dejaco
A-6281 Gerlos 174
Telefon 00 43 (0) 52 84 / 52 60
Telefax 00 43 (0) 52 84 / 52 60 18
sport2000engelbert@aon.at
www.sport2000engelbert.at

104_Sportclinic Zillertal
Stillupklamm 830
A-6290 Mayrhofen
Telefon 00 43 (0) 52 85 / 78 48 50
Telefax 00 43 (0) 52 85 / 78 48 599
office@sportclinic.at
www.sportclinic.at

58_Sport Rainer
Christian Rainer
Dorfstraße 17
A-6271 Uderns
Telefon 00 43 (0) 52 88 / 6 24 52
Telefax 00 43 (0) 52 88 / 6 24 524
info@sportrainer.com
www.sportrainer.com

60_St. Pankraz Apotheke
Mag. Paul Gehwolf
Karl-Mauracher-Weg 36
A-6263 Fügen
Telefon 00 43 (0) 52 88 / 67 00 0
Telefax 00 43 (0) 52 88 / 67 00 12
office@pankraz-apotheke.at
www.apozillertal.at

30_Tiroler Steinöl Vitalberg Betriebs GmbH
A-6213 Pertisau am Achensee
Telefon 00 43 (0) 52 43/ 2 01 86
Telefax 00 43 (0) 52 43 / 2 01 86 20
tiroler@vitalberg.at
www.vitalberg.at

Tiroler Steinölwerke
Albrecht GmbH & Co KG
A-6213 Pertisau am Achensee 55b
Telefon 00 43 (0) 52 43 / 58 77
Telefax 00 43 (0) 52 43 / 58 77 75
tiroler@steinoel.at
www.steinoel.at

48_Welt der 5 Sinne
Johannes Rieser
Hauptstraße 52
A-6263 Fügen
Telefon 00 43 (0) 6 76 / 5 63 55 00
office@welt5sinne.at
www.welt5sinne.at

98_Zillertaler Schmuckeria
Dagmar und Thomas Fankhauser
Am Marktplatz 207
A-5290 Mayrhofen
Telefon 00 43 (0) 52 85 / 3 22 72
Telefax 00 43 (0) 52 85 / 6 39 31
zillertaler-schmuckeria@hotmail.com

40_Zillertaler Trachtenwelt
Nr. 82a
A-6262 Schlitters
Telefon 00 43 (0) 52 88 / 8 71 17
Telefax 00 43 (0) 52 88 / 8 71 65
info@trachtenwelt.com
www.trachtenwelt.com

Besondere Adressen für Sie entdeckt ...

ISBN 978-3-86528-395-5
24,1 cm x 27,6 cm

ISBN 978-3-86528-462-4
24,1 cm x 27,6 cm

ISBN 978-3-86528-469-3
24,1 cm x 27,6 cm

ISBN 978-3-86528-446-4
24,1 cm x 27,6 cm

ISBN 978-3-86528-470-9
24,1 cm x 27,6 cm

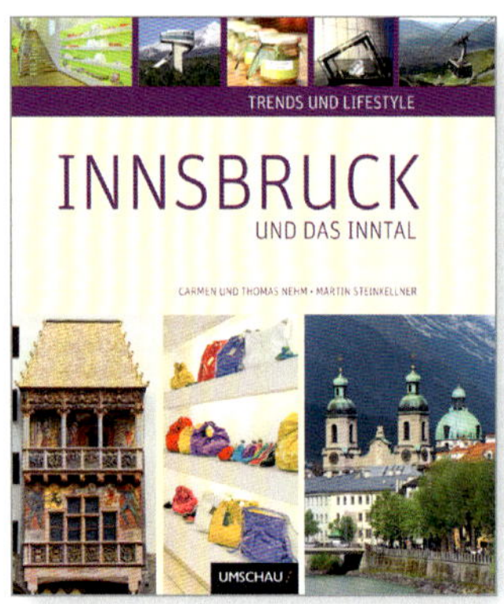

ISBN 978-3-86528-453-2
24,1 cm x 27,6 cm

ISBN 978-3-86528-452-5
24,1 cm x 27,6 cm

ISBN 978-3-86528-436-5
24,1 cm x 27,6 cm

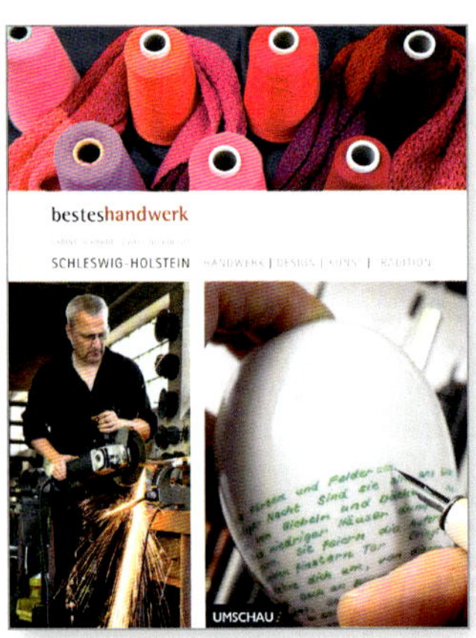

ISBN 978-3-86528-454-9
24,1 cm x 30,6 cm

ISBN 978-3-86528-440-2
24,1 cm x 30,6 cm

ISBN 978-3-86528-463-1
24,1 cm x 30,6 cm

ISBN 978-3-86528-419-8
24,1 cm x 30,6 cm

Neu in unserem Programm

ISBN 978-3-86528-378-8
24,1 cm x 30,6 cm

ISBN 978-3-86528-442-6
24,1 cm x 30,6 cm

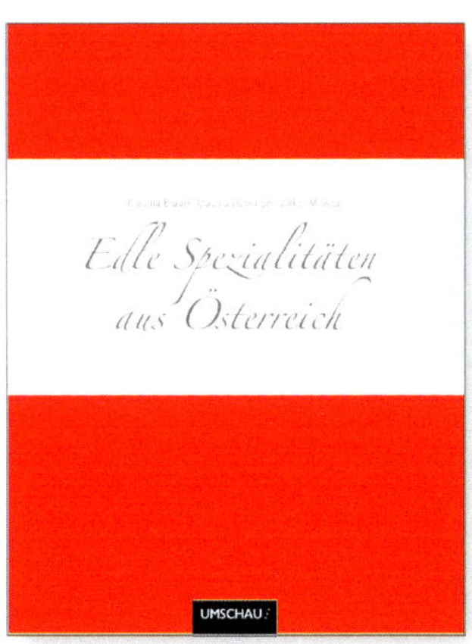

ISBN 978-3-86528-444-0
24,1 cm x 30,6 cm

ISBN 978-3-86528-441-9
24,1 cm x 30,6 cm

TRENDS UND LIFESTYLE

(Buchformat: 24,1 x 27,6 cm)

TRENDS UND LIFESTYLE
HANNOVER, HILDESHEIM UND UMGEBUNG
Christine Schroeder, Bettina Schaefer,
Christian Homann
160 Seiten, Hardcover
ISBN: 978-3-86528-391-7

Eine kulinarische Entdeckungsreise

(Buchformat: 24,1 x 30,6 cm)

Eine kulinarische Entdeckungsreise
durch das Tiroler Unterland
Cornelia Haller, Brigitte Frank
232 Seiten, Hardcover
ISBN: 978-3-86528-473-0

HOCHZEIT & EVENTS

(Buchformat: 24,1 x 30,6 cm)

HOCHZEIT & EVENTS
Rhein-Main-Neckar
Bianca Doriat, Johann Scheiber
128 Seiten, Hardcover
ISBN: 978-3-86528-451-8

besteshandwerk

(Buchformat: 24,1 x 30,6 cm)

HANDWERK | DESIGN | KUNST | TRADITION
ESSEN UND UMGEBUNG
Christel Trimborn, Gabriele Bender
192 Seiten, Hardcover
ISBN: 978-3-86528-478-5

HANDWERK | DESIGN | KUNST | TRADITION
WIEN
Sabine Knoll, Xenia Bluhm
160 Seiten, Hardcover
ISBN: 978-3-86528-468-6

HANDWERK | DESIGN | KUNST | TRADITION
OBERÖSTERREICH
Nina Neuhold, Petra Schmidt, Marcus Kaar
224 Seiten, Hardcover
ISBN: 978-3-86528-475-4

Alle Titel erhalten Sie bei Ihrer örtlichen Buchhandlung.
Für weitere Informationen über unsere Reihen wenden Sie sich direkt an den Verlag:

UMSCHAU

Neuer Umschau Buchverlag
Theodor-Körner-Straße 7
D-67433 Neustadt / Weinstraße
Telefon: + 49 (0) 63 21 / 8 77-852
Telefax: + 49 (0) 63 21 / 8 77-866
E-mail: info@umschau-buchverlag.de
www.umschau-buchverlag.de

Impressum

Texte
Cornelia Haller, Gargazon/Meran

Fotografie
Christian Gufler, Meran
www.fotogufler.com

Recherche
Robert Corradini

Herstellung
Heike Burkhart, Neustadt an der Weinstraße

Gestaltung, Satz und Reproduktionen
posi.tiff Media GmbH, Gelnhausen

Karte
Thorsten Trantow, Herbolzheim
www.trantow-atelier.de

Druck und Verarbeitung
NINO Druck GmbH, Neustadt an der Weinstraße
www.ninodruck.de

Printed in Germany
ISBN: 978-3-86528-479-2

Besuchen Sie uns im Internet
www.umschau-buchverlag.de

Titelfotografie: Christian Gufler

Wir bedanken uns für die freundlicherweise zur Verfügung gestellten Fotos bei:
Ferienhotel Sonnenhof, Zell am Ziller / Sabine Anderegg-Hörhager (S. 66, S. 67 unten li), Holzdesign Christian Kofler, Stumm (S. 64 oben, S. 65 oben), Hotel Alpenhof, Hintertux / Klaus Dengg (S. 134 unten, S. 136), Insider Sportshop, Tux / Roman Potyanowicz (S. 120, S. 121 unten), Leo Wohnarchitektur, Mayrhofen, (S. 103 Mitte), Stadtgemeinde Schwaz (S. 14), Sport 2000 Engelbert, Gerlos / Wintersteiger AG, Ried im Innkreis (S. 81 Mitte), Tiroler Steinölwerke, Albrecht GmbH & Co KG, Pertisau am Achensee (S. 30).

Cornelia Haller ist gebürtige Düsseldorferin und als freie Autorin schon seit Jahren im Bereich Kultur, Kulinarik, Gastronomie und Reisen tätig. Ihre Neugier auf fremde Länder und Kulturen führte sie durch die halbe Welt. Für diesen Band hat sie sich intensiv mit dem Zillertal beschäftigt und dabei Land und Leute aus einer ganz persönlichen Perspektive kennengelernt.

Christian Gufler lebt als selbstständiger Fotograf in seiner Geburtsstadt Meran. Nach erfolgreichem Abschluss zum Reprofotografen und Stationen in Deutschland, wo er für mehrere Agenturen tätig war und zusätzlich spannende Erfahrungen als Luftbildfotograf sammelte, zog es ihn wegen der schönen Landschaft und dem Lebensgefühl zurück nach Südtirol. Heute arbeitet er international für verschiedene Agenturen und Verlage.